GUIARAMA COMPACT

La Gomera y El Hierro

Textos: **Mario Hernández Bueno, Xavier Martínez i Edo, Silvia Roba** y **David Cabrera.**
Responsable de proyecto: **Esther García González**
Actualización y edición: **Isabel Jiménez**
Equipo técnico: **David Lozano, Susana Folgado**
Cartografía: **ANAYA Touring.**
Diseño de colección: *marivís*

Fotografías: **Anaya:** 6*6 Producción Fotográfica: 59 c. Grupo Anaya: 85. Lezama, D.: 81. Pozo, Mauricio: 59 b. Ramón Ortega, P.-Fototeca de España: 59 a. Sánchez, J.: 39 a, 113, 114, 115. **Dreamstime:** Cappelli, Christophe: 53; Gadomski, Rafał: 34-35, 72; Kozlowski, Karol: 42-43; Natursports: 88; Rosshelen: 56-57, 103 b; Sorin, Rechitan: 39 b; Wilbertz, Tanja: 9. **Istockphoto:** Charles03: 95 a; fotofritz16: 44; Gaspari, Orietta: 2; helovi: 38 b; Iacob, Ana: 106; jessicahyde: 30; Klajban, Stanislav: 52; Leonsbox: 66-67, 103 a; milanfoto: cabecera Dónde; Piter1977: 102; pkazmierczak: 41, 50-51; prusaczyk, mariusz: 73; RebecaHeredero: 25 b; RossHelen: 14-15; SimonSkafar: 17; tane-mahuta: 94 a; trabantos: 12-13, 89 b; Unaihuiziphotography: 16 b; undefined undefined: cabecera 10 indispensables; underworld111: 60-61, cabecera Visita a El Hierro, 68-69; Vallenari, Flavio: cabecera Visita a La Gomera, 49, 74-75; vasantytf: 93 a; Vinuesa: Manel: 48. **Shutterstock:** Arocas, Alexandre: 111; Aznar, Salvador: 93 b, 94 b, 95 b, 97, 99, 101; Bramwell, Alex James: 92 a; Calconi, Leonardo: 63; Gadomski, Rafal Michal: 22, 23; gurb101088: 78; iwciagr: 16 a; Kozlowski, Karol: 76-77, 80; Leber, Martin: 84; Magui RF: 8; Males, Thomas: 46-47; marco, francesco de: 25 a; Mark Pitt Images: 92 b; Mikadun: 117; Moswitzer, Christopher: 38 a; Neissl: 82-83, 89 a; NestorMN: 54; NeyroM: 18-19; real Denis Feldmann: 31; Schneider, Robert: 20-21, 26-27, 40, 70-71; Serna, Rebeca: 87; Shpulak, Iryna: 28-29, 45; This is Europe: 6-7; trabantos: 11, 90-91; Unai Huizi Photography: 58, 62; underworld: 79, 104.

4ª edición: mayo 2024

Depósito legal: M-4661-2024
ISBN: 978-84-9158-737-8
Impreso en España-Printed in Spain

PAPEL DE FIBRA CERTIFICADO

La información contenida en esta guía ha sido comprobada antes de su publicación. Pero dado el carácter variable de algunos datos, como horarios de visita o precios, los editores declinan toda responsabilidad por las molestias que pudieran ocasionar a los usuarios de la guía y agradecen de antemano las sugerencias y aportaciones que ayuden a mejorarla.
En **guiasdeviajeanaya.es**, la página web de Anaya Touring, se puede consultar nuestro catálogo de publicaciones.

Contenido

Cómo usar esta guía

Antes del viaje

Se sugiere la lectura de la sección **Diez indispensables** (de la página 7 a la 27), con artículos sobre la historia, el arte, la naturaleza y las gentes de La Gomera y El Hierro.

Para quienes opinan que la **gastronomía** es uno de los atractivos del viaje, la sección del mismo nombre (de la página 92 a la 95) ofrece una visión bastante completa de aquellas especialidades canarias que pueden despertar la curiosidad del viajero.

Durante el viaje

En los apartados titulados **Visita a La Gomera** (de la página 29 a la 59) y **Visita a El Hierro** (de la página 61 a la 89) se describen las islas a través de varias excursiones, que son otras tantas alternativas para visitar aquellas zonas que tienen un singular valor histórico, paisajístico o monumental.

Los **mapas** de **La Gomera** (páginas 32-33) y de **El Hierro** (páginas 64-65) resultarán de gran utilidad para planificar los desplazamientos por las islas.

La hora de comer (y cenar)

Dentro del capítulo titulado **Dónde** se incluye una amplia selección de **restaurantes** ordenados por localidades, calidades y precios. En esta misma sección se facilita también información sobre un buen número de recursos turísticos y actividades con las que ocupar el tiempo libre, que van desde las fiestas de las principales localidades, a otras como alojamientos, vida nocturna, compras...

Use los índices

Finalmente se ha elaborado un **índice de lugares** de interés que permite localizar con facilidad las páginas en las que hay alguna información de utilidad sobre los mismos.

Senderos de El Hierro

MAPA DE LA GOMERA

LA GOMERA

Planificación del viaje

En función del tiempo del que se disponga, puede conseguirse el máximo provecho a la estancia siguiendo las sugerencias siguientes:

Una semana

Se pueden visitar ambas islas. Elija, de entre las excursiones propuestas, las que le resulten más atractivas. Para comer, siga los consejos de las secciones **Gastronomía** y **Restaurantes.** Para cualquier otra actividad en la que ocupar sus momentos libres puede consultar el apartado **Dónde...,** en el que se incluye información de carácter general sobre fiestas, compras, alojamientos...

Fin de semana...

Seleccione **una o varias excursiones,** entre las que se proponen, a algún punto de una de las dos islas. Para comer o cenar se recomienda consultar la lista de establecimientos que aparece entre las páginas 96 y 100.

Clasificación por estrellas

La mayoría de los lugares descritos en el libro se han clasificado por su grado de interés como sigue:

✱✱   Visita obligada
✱   Interesante

SÍMBOLOS UTILIZADOS

A lo largo de la guía se han utilizado símbolos sencillos y claros para indicar las siguientes categorías:

🛈 información práctica

✉ dirección o localización

📷 número de teléfono

🌐 página web

🕐 horario

💶 precio

🛈 información adicional

▶ referencia a la página donde aparece información más detallada

10

Indispensables

Parque Nacional de Garajonay

1

El Parque Nacional de Garajonay, llamado así en honor de dos amantes –Gara y Jonay– hijos de tribus diferentes a los que se prohibió dar rienda suelta a su pasión, ocupa el 10% de la superficie total de la isla.

Sin duda alguna la mejor y más extensa laurisilva que se conserva, reliquia de los bosques siempre verdes que en la Era Terciaria, antes de que las glaciaciones avanzaran por medio mundo, cubrían toda la cuenca mediterránea y que en la actualidad están limitados a los archipiélagos atlánticos. El parque ha sido declarado por la Unesco Patrimonio Mundial.

Dos carreteras de montaña llegan desde San Sebastián de La Gomera. Al juntarse, continúan por la parte alta del parque, pasan por varios miradores y el área de descanso de la Laguna Grande y descienden hacia las poblaciones de las costas norte, sur y oeste de la isla.

La laurisilva prospera en terrenos umbríos y húmedos de las cumbres y laderas norte de La Gomera. La isla está formada por una alta meseta, sin actividad volcánica desde el Terciario, ni picos que destaquen. Desde allí parte radialmente un conjun-

Info

Centro de Visitantes Juego de Bolas
- ✉ La Palmita-Agulo.
- ☎ 922 800 993.
- 🌐 www.gobiernodecanarias.org/parquesnacionales
- 🌐 lwww.miteco.gob.es
- 🕘 Abierto todos los días de 9.30 h a 16.30 h.

Zona recreativa de Laguna Grande
- ✉ Situada en el centro del Parque Nacional.
- 🕘 Siempre abierto. Punto de información: todos los días de 9.30 h a 16.30 h.

to de barrancos con profundidades e inclinaciones variables. En estas laderas arraigan aceviños, viñáticos, laureles, fayas y demás especies arbóreas, y contra ellas chocan los vientos alisios oceánicos cargados de humedad, lo que da lugar a una niebla casi permanente. Esta niebla aporta buena parte de la precipitación anual, llegando en algunas zonas a superar a la de las lluvias.

Vistas desde el exterior, desde cualquiera de los miradores que rodean al parque –El Rejo, en la carretera de San Sebastián, Igualero, en la de Chipude, etc.–, las nieblas parecen rebosar de lo alto de la meseta y caer ladera abajo por los barrancos, como los vapores de un caldero.

Vistas desde dentro, las nieblas y el monteverde continuo ofrecen un aspecto muy distinto. La cobertura de las copas es total, lo que impide el paso del sol. El suelo está, por tanto, casi desprovisto de vegetación. Musgos, líquenes y helechos, plantas de poca luz, tapizan el fondo de este bosque frío, sombrío y si se quiere misterioso, por el que, pese a la humedad reinante, apenas escurren un par de arroyos. Pero todo el espectáculo está en las copas. La falta de luz dificulta la toma de fotografías, pero desde luego no la escucha. El canto del mirlo, audible todo el año, forma el fondo sonoro de Garajonay. Sobre el silencio de una atmósfera inmóvil, las voces agudas y melodiosas de estas aves, invisibles entre las copas, crean la sensación de profundidad que la vista a menudo no puede percibir. Mosquiteros, más discretos, y el zureo ronco de las palomas turqué y rabiches, endémicas de estos bosques y sus riscos, completan el paisaje sonoro. Solo en algunos barrancos, como el del Cedro, el ruido del agua se añade al concierto natural. Y a menudo, por desgracia, también algún que otro coche que transita por las carreteras –pocas– y pistas –algunas más– que atraviesan el parque nacional.

El excursionismo a pie es posible en Garajonay. Una buena red de senderos atraviesa la isla de lado a lado, en general en recorridos de un día de duración o menos. Antes de partir es preciso tener en cuenta que en el parque no se puede hacer noche, ni mucho menos encender fuego, salvo en zonas autorizadas. El día más caluroso puede acabar en un chaparrón, y la humedad y la sombra calan hasta los huesos, por lo que es recomendable cargar con ropa de más y algún chubasquero. No hay que olvidar alguna guía de árboles que permita distinguir la impresionante variedad vegetal en este paisaje siempre verde pero aparentemente monótono.

◄ ▼ Altas cumbres y bosques misteriosos se pueden encontrar en el Parque Nacional de Garajonay.

San Sebastián de La Gomera

2

La capital de la isla tiene el encanto de su pequeño y cuidado casco histórico con importantes, por simbólicos, monumentos colombinos. Huellas de la primera escala que realizó Cristóbal Colón antes de partir rumbo al Nuevo Mundo el 6 de septiembre de 1492 y de dos escalas posteriores. Su paso y el de otros navegantes ilustres, que también fondearon en la bahía, como Cortés, Pizarro o Núñez de Balboa, marcaron la historia de la ciudad.

Info

🛈 **Oficina de Turismo de San Sebastián de La Gomera**
✉ Calle Real, 32 (Casa Bencomo).
☎ 922 141 512.
🌐 https://lagomera.travel

Toda una historia que resulta fácil recrear en su casco antiguo. Empezando por la torre del Conde, situada en un agradable parque, y que se ve nada más entrar a la ciudad por mar. La fortificación militar más antigua de Canarias (de 1450), defendió la isla de las incursiones de corsarios ingleses y holandeses, pero no pudo contener la más brutal de todas, la de los berberiscos en el siglo XVII.

En el núcleo urbano, ya propiamente dicho, todo gira en torno a la Calle Real o del Medio, que se abre como la principal diagonal sobre la que se dibuja el centro de la ciudad. Con un pequeño trecho peatonal justo al comienzo, en la zona más bonita y con más actividad, con antiguas dulcerías, el ficus de inmensas ramas de la plaza de la Constitución, con su típico quiosco en el centro, y a los lados, bares, restaurantes y tiendas de artesanía.

Nada más adentrarnos en la Calle Real vemos a mano derecha la casa de la Aguada, de cuyo pozo se dice que Colón abasteció de agua las tres carabelas, y con la que luego se bautizó América. Un poco más allá, siguiendo la misma calle, llegamos a la iglesia de la Asunción, que se levanta en una pequeña plaza junto a la Oficina de Turismo y el Museo Arqueológico. El templo es de 1502, pero a la nave central gótica original le añadieron después –la iglesia ardió a manos de piratas–, naves laterales con pórticos. Siguiendo por la Calle Real descubrimos la casa de Colón, donde se hospedó el almirante. Y muy cerca, esquina con la calle San Sebastián, la ermita de San Sebastián, la primera de la isla y donde Colón entró a rezar antes de zarpar rumbo a lo desconocido. Gótica, pequeña y humilde, alberga una imagen del santo.

Pero no todos son monumentos colombinos, la capital también tiene una bonita playa, la de La Cueva, frente al puerto, a la que se llega atravesando un pequeño túnel en un risco. Con el Parador rodeado de jardines en lo alto, con vistas de pájaro sobre el agradable paseo marítimo y la playa de arena negra, el Club Náutico y algún restaurante (perfecto para cenar con vistas a Tenerife y junto al mar).

▼ Vista de San Sebastián de La Gomera.

Valle Gran Rey

3

Valle Gran Rey es uno de los principales reclamos para el turismo de playa de la isla. Y lo es por sus costas de aguas tranquilas y claras, con íntimas calas como el Charco del Conde, o amplias playas como la de La Puntilla o La Calera, con su avenida marítima con buenos restaurantes, o la playa de Vueltas, recogida a las faldas de la montaña, junto al puerto. Cuenta además con algunas de las mejores infraestructuras hoteleras de la isla, buenos restaurantes y es, desde siempre, referente de la noche.

El nombre lo toma del rey aborigen, Amalahuigue, del Cantón de Orone. Los antiguos pobladores tenían la isla dividida en cuatro cantones y aquí vivían los más poderosos de sus reyes. En la actualidad sigue siendo un fértil valle, con caseríos, huertas y fincas de plataneras. Un inmenso peñón con bancales encajonado entre dos riscos, el de Tegerguenche y la Mérica, donde sobrevive el lagarto gigante de La Gomera.

En el valle bajo encontramos La Playa, La Calera, La Puntilla y Las Vueltas. La Calera está situada en una zona elevada, con vistas sobre el litoral, a cinco minutos de la playa de La Calera. Llama la atención su entramado de empinadas callejuelas empedradas, con sabor auténtico, unas vistas espléndidas y un par de buenos restaurantes donde sentarse a disfrutar de los atardeceres.

Info

Oficina de Turismo de Valle Gran Rey

- La Noria, 2. La Playa.
- 922 805 458.
- https://lagomera.travel
- http://vallegranrey.es/areas/turismo/
- De lunes a viernes de 8 h a 14 h (verano), 15 h (invierno). Cierra sábado, domingo y festivos.

Playa, como se la conoce sin más, es el pequeño casco urbano de playa de La Calera, con la oficina de turismo y abundantes bares, restaurantes, hoteles y apartamentos. La Avenida Marítima ofrece un agradable paseo y las terrazas de varios restaurantes.

De camino al puerto encontramos la playa de La Puntilla, con una estatua que rinde homenaje a un rey guanche. Después se llega al acogedor Charco del Conde, una cala de arena negra perfecta para un baño tranquilo, rodeada de apartamentos y unos cuantos restaurantes.

Al final del paseo litoral descubrimos el barrio pesquero de Vueltas, bajo un enorme risco y abierto a las playas de Vueltas y Argaga, apartada y a la que se llega por un camino de tierra. Del puerto zarpan las excursiones a los Órganos y el avistamiento de cetáceos y delfines. Cerca, y por mar, se puede llegar a las playas de La Rajita o La Cantera. Abundan los apartamentos sencillos y los más económicos, y unos pocos restaurantes, la mayoría especializados en pescado.

En el municipio de Valle Gran Rey se puede visitar también el mirador de César Manrique, que ofrece unas buenas vistas de pueblos y caseríos. Arure, la antigua capital del municipio, es un precioso pueblo con un casco antiguo digno de visita y caminos que desde el pueblo llegan al mirador de El Santo, con magníficas panorámicas de Taguluche, un caserío de huertos y palmerales aislado durante años. Cerca se encuentra Las Hayas, poblado de casas dispersas, próximo a las cumbres y cubierto por una mística bruma casi perenne.

◀ Playa de Valle Gran Rey.

Agulo

4

Agulo, situado entre los valles de Hermigua y Vallehermoso, es el municipio más pequeño de la isla y uno de los más bonitos y pintorescos. Se extiende desde el mar hasta los 1.487 m de la cumbre de la montaña de Igualero. De visita obligada por la belleza de su casco histórico, en un estado de conservación envidiable, por su impresionante enclave natural, junto a un despeñadero con bancales y en lo alto de una tribuna natural con vistas al océano, y por la belleza de su entorno, con saltos de agua como el de El Chorro y presas como la de Las Rosas.

Agulo fue fundado en 1607 y conserva, desde entonces, buena parte de su integridad arquitectónica, con muestras bien conservadas en su casco antiguo de casas tradicionales con fachadas impecables, empinadas cuestas, estrechas callejuelas, suelos empedrados y sin aceras, casonas señoriales… que dan forma a un rico patrimonio. En 1739 se constituye el Ayuntamiento y se levanta la parroquia de San Marcos, la actual iglesia, situada en la plaza Leoncio Bento junto a un inmenso laurel de 1906 y el Ayuntamiento.

El municipio se divide en dos sectores, la zona baja de Agulo casco, con tres núcleos urbanos: La Montañeta, Las Casas y El Charco (el primer asen-

tamiento cuyo núcleo original quedó arrasado por unas lluvias torrenciales), y más aislado, el caserío de Lepe.

También están la zona alta de Sobreagulo y Las Rosas (con el Centro de Visitantes Juego de Bolas del Parque Nacional de Garajonay). La mayor parte del territorio de la parte alta es colindante con Garajonay. Se trata, además, de una zona agraria y ganadera, idónea para alquilar bonitas casas rurales, de arquitectura tradicional y con huertos, rodeada a menudo por un característico mar de nubes que sobrevuelan vencejos y cernícalos, sorprendentes espacios naturales, y una poderosa vegetación.

Agulo cuenta, además, con una cuidada red de senderos que conecta el casco urbano con las zonas altas, perfecta para trasladarse de un lado a otro del municipio. Como el que une La Palmita (en la parte alta) con Agulo, por un antiguo camino de herradura por el risco de Agulo; o Las Casas y La Montañeta con un camino que lleva, descendiendo por un acantilado, a orillas del mar. Recorrer los senderos que intercomunican las distintas poblaciones del municipio es la mejor forma de conocerlo. Paseos agradables en los que se disfruta de unas vistas increíbles, como la del camino de "Los Pasos" o la del mirador de Abrante, uno de los mejores de la isla, con un pasillo acristalado desde el que se obtiene una panorámica suspendida en el aire del casco de Agulo. Y otros miradores con paisajes de impresión como el de la Montaña del Dinero y el de Roque Blanco.

◄ El fabuloso mirador de Abrante, en Agulo.

Caminos de La Gomera

5

La Gomera cuenta con una extraordinaria red de senderos que transcurren por una orografía cambiante, con paisajes de impresión y rica biodiversidad. La mayoría son caminos seguros y amplios, por estrechos barrancos y escarpados montes, pero sin muchos peligros. Son las veredas de toda la vida, los caminos de herradura y los caminos reales, que se utilizaban antaño para moverse por la isla. Algunos señalizados y en buen estado de conservación, otros no tanto y unos pocos que se van perdiendo bajo la vegetación.

Los más recomendables son los que discurren por el **Parque Nacional de Garajonay**, con zonas frondosas y cubiertos por una mística bruma. En los límites del parque hay tres sendas que arrancan y llegan hasta distintos caseríos: Los Roques-Benchijigua, La Zarcita-La Laja y Tajaqué-Imada. La vereda circular de **Las Creces** tiene bifurcaciones a Arure y Las Hayas. Desde los límites del parque, un camino con un descenso pronunciado une el roque de Agando con la playa de Santiago por Benchijigua. El **Camino Natural Cumbres de La Gomera** (GR-131), de gran recorrido, une San Sebastián con Vallehermoso, y también atraviesa el Parque Nacional, así como Chipude, Las Hayas y buena parte de la isla.

El otro sendero de gran recorrido es el **Circular de la Gomera** (GR-132), que da la vuelta a la isla por la costa. Pero el más conocido y frecuentado es el de **Contadero-El Cedro,** en el norte, que pasa por la ermita de Nuestra Señora de Lourdes, aislada y solitaria en mitad del bosque, y que termina en una magnífica cascada en el caserío de El Cedro.

Para obtener una panorámica desde las altas atalayas, se recomienda la subida **Pajarito-Alto de Garajonay,** el punto más alto de La Gomera, 1.487 m. Un sendero bien señalizado y con unas vistas increíbles: en días claros y despejados se pueden ver Tenerife, La Palma y El Hierro.

Si lo que se busca son rutas más sencillas, la de **Cruz de Tierno a Vallehermoso** por el roque Cano es descendente, agradable y se puede recorrer en menos de dos horas. Pasa por Las Rosas, cruza pinares, la presa de Amalahuigue hasta Cruz de Tierno y roques como Cano, Pico Loro y Blanco.

Otros senderos que transitan por impresionantes quebradas son el que nace en el casco de **Valleher-**

moso hasta Arguamul, que cruza barrancos como el de los Guanches, lomos del Viso y de San Pedro. O el camino que lleva desde el caserío de **El Cedro al convento de Hermigua** (de visita obligada es el bosque de El Cedro), cerca de 4 km por el caidero de la Boca del Chorro, varias cascadas y la presa de los Tiles. Y de **Alajeró a Arguayoda y La Rajita,** un paseo de unas 4 horas que atraviesa barrancos como el del Charco Hondo o el de La Negra y que va a morir en la playa de La Rajita, con su antigua fábrica conservera de pescado abandonada y una buena playa de callaos.

Estos son solo algunos de los muchos caminos que conforman la vasta red que une todo el organismo de la isla. Conocerlos es una de esas experiencias imprescindibles en una visita a La Gomera.

◄ ▼ La Gomera cuenta con una extensa y bien señalizada red de senderos.

Iconos naturales de El Hierro

La conmovedora belleza natural de El Hierro constituye su principal y más valioso atractivo turístico. La pequeña isla canaria, la más joven en edad geológica del archipiélago, ofrece en sus apenas 30 km de una punta a otra, una increíble variedad de paisajes y hábitats. Desde la Reserva Marina del Mar de las Calmas a la Reserva Natural Especial de Tibataje o el Paisaje Protegido de Ventejís... siendo más de la mitad de su territorio Espacio Natural Protegido y la isla, Reserva de la Biosfera.

Info

Ecomuseo de Guinea (Lagartario)

✉ Ctra. Gral. de Las Puntas, s/n. La Frontera.

☎ 922 555 056.

🌐 https://elhierro.travel

🕐 Todos los días de 10 h a 18 h.

Con una naturaleza cambiante, que pasa de la frondosidad de la laurisilva, el brezo y el pino canario a los agrestes paisajes volcánicos de El Lajial, la isla ofrece infinidad de iconos naturales. Pero probablemente los más simbólicos sean el Garoé (árbol santo), el Sabinar y el lagarto gigante, encarnaciones de la lucha isleña por la supervivencia.

El Garoé, que crece próximo al pueblo de San Andrés y que cuenta con su propio centro de interpretación, es un árbol sagrado que los antiguos habitantes de la isla veneraban por su prodigiosa capacidad para condensar el agua de los alisios y almacenarla. Otro punto de visita obligada es el Sabinar, un bosque de sabinas situado en la Dehesa. Inusual paisaje de sabinas centenarias de hasta tres metros de alto, retorcidas por el azote del viento y con sorprendentes inclinaciones, moldeadas por los alisios en nudos vegetales que luchan como los antiguos pobladores, amoldándose a los vientos para sobrevivir. Otro sím-

bolo más del pueblo herreño es el lagarto gigante (*Gallotia simonyi*), el reptil más amenazado de Europa y que se pensaba extinto. Lo crían en cautividad en el Centro de Recuperación, en las faldas del risco de Tibataje, un lugar fantástico que cuenta además con el poblado arqueológico de Guinea.

De las distintas maravillas naturales que ofrece la isla, los roques de Salmor y Bonanza personifican la belleza de sus costas. Los roques del Salmor, en la punta del Golfo, se levantan entre las aguas como testimonio de los abruptos cambios geológicos que ha sufrido la isla. Es refugio de aves marinas y del lagarto gigante. Otro símbolo del paisaje isleño es el roque de la Bonanza, en Las Playas, dique volcánico que brota majestuoso de las aguas, bajo cuya superficie crece una fauna y flora subacuática de gran diversidad. Pero la zona submarina más rica de la isla se encuentra en la costa sur, en la Reserva Marina del Mar de las Calmas, en un envidiable estado de conservación y con importantes poblaciones marinas.

Del mar pasamos a la montaña, con hoyas como la de Fireba o barrancos como el de Balón. Y de los roques a las grutas, dos de ellas de especial interés. Por un lado la cueva del Caracol, cerca de la ermita de los Reyes, de origen troglodita y vinculada al culto a la Virgen de los Reyes. Por otro, la impactante cueva del Faro, próxima al faro de Orchilla, un tubo volcánico de unos 400 m que muere en un acantilado.

Y hay más, mucho más, en esta isla fascinante, última esquina del mundo, en la que el hombre y la naturaleza luchan por sobrevivir a las difíciles condiciones de su entorno.

▼ Las sabinas inclinadas por el viento son uno de los iconos de la isla de El Hierro.

Los pueblos herreños

7

Si la naturaleza de El Hierro es sobrecogedora y envolvente, mucho más lo son sus pueblos, fascinantes enclaves y de gran pureza. Perdidos y con una extraordinaria capacidad para fusionarse con el entorno gracias a la arquitectura tradicional herreña, que hace uso de materiales naturales locales como la piedra y la madera, dando lugar a casas sencillas y estéticamente muy atractivas.

Si hay algo más impactante que el paisaje de lenguas de lava, pinares y el perenne azul atlántico bañándolo todo, es presenciar y, sobre todo, habitar sus pueblos. Empezando por el municipio de Valverde, dirigiéndonos al sur desde la capital, de camino a San Andrés (auténtico núcleo urbano con una tasca en la carretera de parada obligada, *Casa Goyo*) encontramos el pueblo más pequeño de El Hierro: **Tiñor.** Una preciosa aldea con casas tradicionales de paredes de piedra y techos de teja salpicadas por una vaguada, con huertos y aljibes, especialmente hermosa en la época en que florecen los brezos. Siguiendo en dirección a El Pinar, antes de entrar en la carretera que atraviesa los pinares, llegamos a **Isora,** en la meseta de Nisdafe, con un impresionante mirador al final del pueblo.

En dirección opuesta, al norte de Valverde, sobre una ladera abierta al océano descubrimos **Echedo,** con casas típicas de piedra entre viñas cultivadas en cenizas volcánicas y árboles frutales. Pasado El Mocanal, otro interesante pueblo, aparece **Guarazoca,** con antiguas prensas de vino y las clásicas casas en forma de cubo. Aquí se encuentra el mirador de la Peña, obra de César Manrique.

Un recorrido por los pueblos más significativos del municipio de La Frontera pasa por visitar el pesquero de **Las Puntas,** en el valle del Golfo, situado muy cerca de la Reserva Integral de los Roques de Salmor, el Ecomuseo de Guinea y las piscinas naturales de La Maceta. Y al final de la costa, en el extremo occidental del Golfo, mucho más allá, el pueblo más aislado de la isla y el más occidental de España: **Sabinosa.** Emplazado en una loma volcánica, aislado del mundo y rodeado de un paisaje natural de leyenda. Se llama así porque en la zona crecen abundantes sabinas de características formas encorvadas por el viento. Los habitantes de Sabinosa son conocidos como *gabeteros,* una población crucial para entender el folclore de la isla, por su fuerte raigambre con La Dehesa, el viento, el mar, los animales y la cultura popular.

Estos son solo algunos de los pueblos más llamativos y singulares de la isla, pero hay más, y todos ellos encierran la historia viva de las tradiciones herreñas. El alma de sus gentes.

▼ Pueblecito pesquero de Las Puntas, en el valle del Golfo.

Senderos de El Hierro

8

Una de los mayores atractivos que ofrece la isla al visitante es su cuidada red de senderos. Atraviesan la isla de un extremo a otro, adentrándose en su cambiante y espectacular geología, de una belleza natural intacta que mezcla zonas volcánicas, bosques de pinos, costas y valles. Caminos que recorren cumbres y pinares, ricos en flora endémica que sobrevive resguardada en riscos y barrancos, así como múltiples especies silvestres.

L a red de senderos cuenta con paneles informativos, flechas con direcciones y balizas fáciles de interpretar. Los caminos están muy bien señalizados y los hay para todos los gustos, de costa o de montaña, de gran o corto recorrido, y son, en su mayoría, sencillos y seguros.

Se han recuperado los senderos tradicionales de toda la vida, como las rutas habituales de la trashumancia del interior a la costa. Un ejemplo es el precioso **Camino de Jinama** (PR-EH 8), que atraviesa zonas de gran valor etnográfico e incalculable riqueza natural. Transcurre de San Andrés a El Golfo, 7,5 km con desniveles de hasta 885 m y de unas tres horas y media de recorrido.

También los hay de pequeño recorrido, ideales para hacerlos con niños, fáciles y de poco desnivel como el **Circular de La Llanía** (SL-EH 1). Se divide en tres senderos circulares que se pueden recorrer en unas dos horas y media por zonas de bosque húmedo, a la sombra. El sendero más pequeño es

▼ La costa en los alrededores de Tacorón.

de unos 3 km y el más largo de unos 7 km y ofrecen vistas de El Golfo y la caldera de Fileba.

Para los incansables, el **Camino de la Virgen,** más de diez horas de pateo, Tamaduste-Embarcadero de Orchilla (GR-131), el único de gran recorrido de la isla, que cubre una distancia de 37,3 km de noreste a suroeste, de dificultad medio alta. Comienza en el mar y cruza el punto más alto de la isla, el pico de Malpaso, a 1.501 m. En su tramo central nos encontramos con la ermita de la Virgen de los Reyes y la Cruz de los Humilladeros. Se puede empezar por dos puntos distintos: Tamaduste o el Puerto de la Estaca. Y puede terminarse en el embarcadero de Orchilla o en el monumento Meridiano 0. Otra buena paliza es el camino de la **Restinga al Pozo de la Salud,** de 22,2 km y unas ocho horas y media de duración.

Hay rutas por paisajes volcánicos como la que va desde **El Pinar a La Restinga** (PR-EH 1) por la zona conocida como El Lajial, de lavas recientes, unos 9 km de senderos sin casi sombra. Se recomienda hacerlo a primera o última hora del día. Y hay caminos litorales como el que atraviesa de **La Maceta a Punta Grande** por la costa del Golfo, una ruta sencilla. Otra senda costera y cómoda es la de **Tamaduste a Roque Las Gaviotas** (SL-EH 3), de unos 2 km. En la otra punta de la isla, el recorrido de una hora que va desde **Arenas Blancas a La Puente** (SL-EH 2), con vistas a la única playa de arena blanca de la isla.

Existen muchos más y todos son fantásticos porque la isla no deja de sorprenderte a cada paso, con unos paisajes únicos bañados siempre por un intensísimo azul marino al fondo.

▼ Vista desde el mirador de la Peña.

Playas, piscinas naturales y calas en El Hierro

Otro de los grandes alicientes de un visita a El Hierro son sus bellas costas, con riscos de basalto en lucha constante contra el embate del Atlántico, que dan forma a impresionantes acantilados pero también a espléndidas calas, piscinas naturales y playas. Zonas de baño rocosas y con charcos que son un paraíso para el submarinismo por la buena conservación de sus fondos, de gran variedad y complejidad, y uno de los más espectaculares de Canarias. En sus aguas se avista también diversa fauna marina.

El Hierro no es una isla de playas de arena –las hay pero son pocas y sobre todo de arena negra–, sino de entrantes de mar, calas y piscinas naturales. De las distintas zonas para bañarse cabría destacar las de la costa oriental, como el *Pozo de las Calcosas,* pequeña bahía natural cerrada por un acantilado en un pueblo litoral que mantiene el tipo de construcción tradicional de sus casas con tejado de colmo. Desde otro encantador pueblo, **Echedo,** descendiendo por la pista que lleva a la costa (agreste donde las haya), se llega la magnífica piscina natural de *Charco Manso.* Preciosa cala con una zona para tomar el sol, con agua cristalina y dócil, uno de los mejores lugares para bañarse, precioso y lleno de encanto. Aquí el mar embistiendo sobre los arcos de lava forma impresionantes bufaderos de agua.

El pueblo costero de **Tamaduste,** bien comunicado y próximo al aeropuerto, el muelle y la capital, posee unas piscinas naturales ideales para darse un chapuzón con comodidad, acondicionadas con amplias plataformas de madera para tomar el sol. Muy cerca de aquí se encuentra otro pequeño pueblo del litoral, **La Caleta,** con cómodas piscinas de agua de mar y un paseo marítimo. Después **Timijiraque,** curiosa aldea costera con una cala de arena negra y un merendero. Y por último, al final de esta bahía, **Las Playas,** la más grande de la isla y donde se encuentra uno de los iconos herreños: el roque de la Bonanza, dique volcánico que sobresale del mar.

En el municipio de La Frontera, en el Golfo, el exquisito *Charco Azul,* de agua cristalina, con una piscina natural escondida bajo un gran acantilado y recogida por un roque de mar. Tiene zonas acondicionadas con madera para tomar el sol. O el *Charco de los Sargos,* otra piscina natural de la zona, cercana a una de las más famosas de la isla, las de **La Maceta.** Situada a los pies de un acantilado, cuenta con merenderos bien equipados y ofrece una opción tranquila de baño. Mucho más allá, en la punta de la bota, donde parece que la isla le esté dando un puntapié al Atlántico, aparece la extraña *playa de El Verodal,* por su inusual arena roja volcánica, pero peligrosa por sus fuertes corrientes y los riesgos de desprendimientos de tierra.

La costa suroccidental es perfecta para concluir un recorrido por el litoral, en el Mar de las Calmas, con una situación privilegiada al encontrarse a resguardo de los alisios. Un buen punto para una zambullida es el embarcadero de *Orchilla,* dársena tradicional al norte que hoy sirve como zona de baño. Una de las más llamativas es la espectacular *cala de Tacorón,* con increíbles atardeceres, que cuenta además con un chiringuito impagable y zona para hacer barbacoas. Sus piscinas naturales son el mejor punto de esta zona marina protegida. Por último, siempre queda **La Restinga,** un pueblo de pescadores con una minúscula playita de arena negra junto al muelle, desde cuyas dársenas saltan al agua los chiquillos. Un buen sitio si se quiere disfrutar de sol, playa y buenos restaurantes de pescado.

▲ Pardela cenicienta.

▼ Formaciones rocosas en la costa. Charco Azul.

Miradores de El Hierro

10

Perfectamente señalizados en la carretera con carteles de madera, los miradores de El Hierro regalan una visión integral de la isla. Son puntos estratégicos desde los que se pueden contemplar amplias zonas geológicas y que permiten disfrutar de unos paisajes sobrecogedores. Hay que tomarse el tiempo de acercarse hasta ellos para obtener así una postal a vista de pájaro de la isla.

Hay distintos miradores para distintos paisajes. Como las magníficas panorámicas litorales que ofrece el **mirador de Isora** sobre la bahía de Las Playas, con grandes acantilados y el roque de la Bonanza. O el cercano **mirador de las Playas,** con vistas a más de mil metros desde el roque de la Bonanza hasta Punta Miguel. En la zona norte, para obtener una buen visión de El Golfo, nada como el **mirador de la Peña,** con un famoso restaurante obra de Cesar Manrique y unas vistas espectaculares.

Para contemplar paisajes volcánicos, totalmente extraterrestres, nada como el **mirador de la Hoya de Fireba,** en lo alto de un cráter de unos 250 m de diámetro y 110 m de profundidad, sobre una de las estructuras volcánicas más impresionantes de la isla, la fractura de donde nacen las tres grandes dorsales volcánicas de El Hierro.

En la dorsal noroeste encontramos el **mirador del Lomo Negro,** sobre el volcán que le da nombre. Desde aquí se contemplan roques de tonalidades amarillas y colores verdosos.

Y por último, el mirador desde el que se pudo contemplar la mancha volcánica que creó el fenómeno eruptivo submarino que tuvo lugar a escasos dos kilómetros de la costa de La Restinga en 2011: el **mirador de Tanajara,** con vistas a la ladera de El Julán y los volcanes de La Restinga.

Info

**Restaurante
de El Mirador de la Peña**
✉ Carretera General
    del Norte, 40.
☎ 922 550 300.
▶ ver pág. 98.

▼ Vista desde el mirador de Jinama.

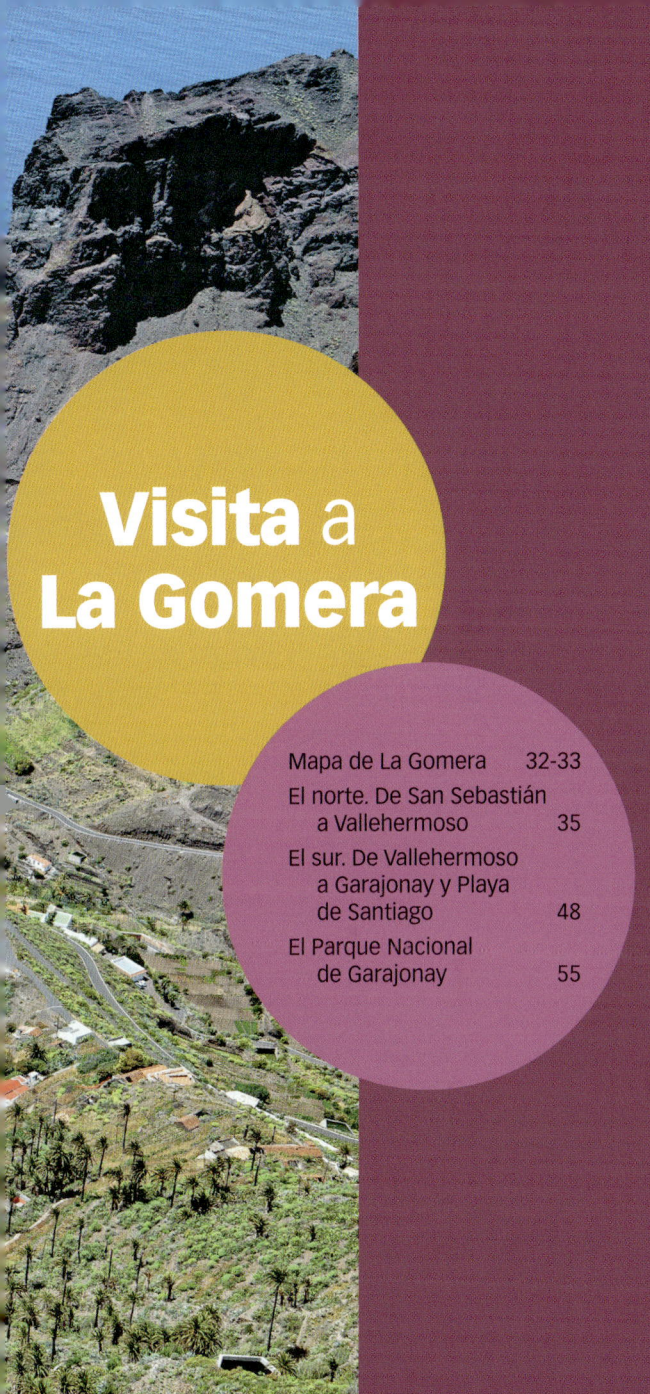

Visita a La Gomera

Isla de La **Gomera**

La Gomera está constituida, fundamentalmente, por rocas basálticas de gran antigüedad que, a modo de cinturón, rodean todo su perímetro. Su relieve aparece configurado por una gran meseta central de unos 1.000 m de altitud, con una máxima de 1.475 m, el Alto de Garajonay, desde donde parten numerosos barrancos, lo que le ha valido el apelativo de "isla de los barrancos". Su orografía ofrece unos parajes insólitos, tal es el caso de Los Órganos, con más de 1.000 m de altitud, formado por enormes columnas de lava volcánica que recuerdan a los tubos del instrumento musical. Su clima, determinado por los vientos alisios, da lugar a la frondosidad de algunos de sus parajes, en especial, el Parque Nacional de Garajonay. En general, el clima es suave y templado, con pocas oscilaciones, situándose su temperatura media anual en unos 20 ºC. No posee playas destacables, pero sí algunas calas de arenas negras, como la de Santiago. En cuanto a su historia, según Plinio, Juba, el rey mauritano que exploró algunas de la islas en la antigüedad, llamó Junonia Mayor a La Palma y Junonia Menor a La Gomera. Parece cierto que en el año 1382 el navegante gallego Fernando de Castro sufrió un temporal y tuvo que refugiarse en la isla, por entonces gobernada por el rey Amalahuie, quien posteriormente tomó el nombre del atribulado marinero. Pero la verdadera conquista de la isla se produjo entre los años 1405 y 1420, a cargo del normando Juan de Bethencourt, personaje mitad empresario textil, mitad aventurero ocasional al servicio de la corona de Castilla.

La instauración del señorío de La Gomera tuvo lugar en el año 1442, cuyo primer titular fue Hernán Peraza, padre de Guillén, pionero en la conquista de La Palma, quien murió a manos de los nativos.

La historia de La Gomera en sus años primeros está llena de enredos, traiciones, rebeliones indígenas y hasta de oscuros amoríos. No en vano anduvo por allí doña Beatriz de Bobadilla, a la sazón esposa de Hernán Peraza, a la que el chismorreo histórico atribuye más que amistad con el Rey Católico, por lo que, al parecer, fue obligada a casarse. Muerto Peraza, Bobadilla asumió el gobierno de La Gomera en nombre de su hijo Guillén. Abasteció a la flota de Cristóbal Colón, que recaló en La Gomera en sus viajes a América de 1492, 1493 y 1498. En cualquier caso, el título de Isla Colombina, como también se conoce a La Gomera, viene avalado por haber sido la última tierra que los universales navegantes pisaron antes de emprender su primer viaje al nuevo continente.

Al parecer, una de las pocas cosas buenas que hizo el conde de La Gomera, el inefable Hernán Peraza, fue traer desde las costas africanas unas palmeras que hoy, esparcidas generosamente por toda la isla, confieren un peculiar y atractivo paisaje. Estas palmeras dan un producto gastronómico singular, la "miel de palma", una especie de sirope que se obtiene del guarapo; la savia, extraída desde el centro del penacho de hojas, se utiliza como aliño de postres, o amasado con gofio. Hemos visto en los bosques de Senegal la misma actividad, aunque sus nativos prefieren obtener del líquido base una bebida alcohólica de contundentes efectos.

Y ya que hablamos de comer, recuérdese que La Gomera tiene otras interesantes especialidades: un magnífico potaje de berros, de esos pequeños y silvestres que aparecen en las márgenes de sus tantos manantiales, así como una antigua salsa, el almogrote, anclada aquí desde el Medievo, hecha con queso duro, pimienta, aceite y tomate; todo bien majado en esos morteros de madera que se hacen en el caserío de El Cedro.

LA GOMERA

Punta de los Órganos
Playa las Salinas
Playa de Sta. Catalina
Los Órganos
Playa de Vallehermoso
Punta del Peligro
Arguamul
TF 112
S. Marcos
Tamargada
Punta de
Tazo
Playa
Vallehermoso
GM 1
La Palmita
GM 1
Agulo
Punta del Trigo
Epina
Macayo
Hermig
Alojera
La Palmita
Hermigua
Punta del Viento
P. N. de
Garajonay
Mulagu
Bco.
Tagulucne
Arure
GM 1
Bco. Sobre Agulo
Sra. de Lourdes
Palacios
Chejelipes
La La
Punta del Guincho
Valle
Gran Rey
GM 2
Chipude
Garajonay
1487
Benchijagua
Punta de la Calera
Valle
Gran Rey
1243
Igualero
Benchijigua
Playa de La Calera
La Calera
Bco. de la Rajita
Cascajo
Las Toscas
Roca del Secreto
La Dama
CV 17
S. Lorenzo
GM 2
Cardones
Tapahu
Punta y Roca de Igualada
La Dama
Alajero
La Rajita
Calvario 808
Punta de la Nariz
Playa de Santiago
Playa Cala de E
Punta Falcones
Aeropuerto de la Gomera
Punta del Becerro

OCÉANO

ATLÁNTICO

Chico

Gabiña
a de la Caleta

N. de Majona
Punta Majona

Punta de los Percebes

Ntra. Sra. de
Guadalupe Puntallana
de la Villa

Playa de Avalo

S. Sebastián de la Gomera
Punta de S. Cristóbal
Sagrado Playa de S. Sebastián
Corazón Punta y Playa del Cabrito
Playa del Cabrito
Punta Gaviota Tenerife
Marichal La Palma
ntiago

ISLAS CANARIAS

OCÉANO

ISLA DE
LANZAROTE

ISLA DE
LA PALMA

ISLA DE
TENERIFE ATLÁNTICO

ISLA DE
GRAN CANARIA

ISLA DE
EL HIERRO ISLA DE
LA GOMERA

ISLA DE
FUERTEVENTURA

Sugerimos conocer el paisaje y los pueblos más importantes de la isla partiendo de la capital, **San Sebastián de la Gomera** (**plano** en pág. 36-37) y circulando en sentido contrario a las agujas del reloj.

Hacia el **norte**, saliendo de San Sebastián, podemos hacer una interesante excursión al valle de Hermigua y Agulo, con parada final en Vallehermoso. Desde allí, en direccción al **sur**, alcanzamos Valle Gran Rey y Chipude, para seguir después hasta Alajeró, con su playa de Santiago, y acercarnos al **Parque Nacional de Garajonay**.

Vale también la pena hacer **excursiones por mar**.

Las estrellas que acompañan a los lugares de interés hacen referencia, respectivamente, a su importancia (**✳**) o especial interés (**✳✳**).

▮Excursiones por la isla de La Gomera

Puede sonar a tópico pero lo cierto es que la principal seña de identidad de La Gomera es el contraste: su superficie, con 383 km^2 y un perímetro casi circular, está salpicado de acantilados, profundos barrancos, valles, playas y un Parque Nacional, el de Garajonay, que encierra su cota máxima, el pico de Garajonay, que se eleva a 1.487 m sobre el nivel del mar. Su especial orografía ha dificultado durante muchísimos años las comunicaciones y a algunos de sus pueblos, hasta hace no demasiado tiempo, solo se tenía acceso a través del mar.

Además de la visita a San Sebastián de La Gomera, una ciudad con encanto, la llamada isla de los caminantes tiene otros atractivos, todos ellos orientados al goce puro y duro de la naturaleza. Valle Gran Rey –emplazado en un espectacular barranco–, playas de arena negra –la del Inglés, la de la Calera– y arena dorada –la de Santiago–, montañas –Teguerguenche–... La tranquilidad se puede sentir en cada rincón, meciéndose bajo las palmeras o, simplemente, admirando la silueta del Teide de la cercana isla de Tenerife.

▶ Vista de San Sebastián
  de La Gomera.

El norte
De San Sebastián de La Gomera a Vallehermoso

Oficina de Turismo de San Sebastián de La Gomera
✉ Calle Real, 32 (Casa Bencomo).
☎ 922 141 512.
🌐 https://lagomera.travel

La capital gomera se encuentra situada en el margen derecho de la desembocadura del barranco de la Villa, en la costa oriental de la isla, un amplio y magnífico puerto natural. A pesar de ciertas construcciones apresuradas, que rompen como siempre la antigua fisonomía colonial, se nos presenta como una pequeña ciudad portuaria de típico sabor canario. La excursión que proponemos por el norte de la isla puede partir desde aquí.

SAN SEBASTIÁN DE LA GOMERA ✱

El antiguo casco urbano gira alrededor de una plaza, la de la Constitución, en la que se erigen unos gigantescos ficus (laurel de Indias). En una de sus esquinas, con la Calle Real, se encuentra una vieja **casona** de una sola planta que sirvió como despacho **de aduanas** a los condes de La Gomera. Allí se emplaza

📍 C3
Casa de la Aduana (Pozo de la Aguada)
✉ Plaza de la Constitución. Calle del Medio, s/n.

SAN SEBASTIÁN DE LA GOMERA

2

Calle del Hospital
Barranco de la Villa
Av. del Quinto Centenario
C. la Alianza
Calle Real
Calle de Ruiz de Padrón
Calle Pista de las Palmitas
C. del A
C. del

A

Prol. Venezuela
Segunda
Calle Real

C. República de Venezuela
GM-1
Calle el Tanquito
Calle de Ruiz de Padrón
Ermita de
San Sebastián
Calle

Barranco de la Villa
Calle del Hospital

Calle Profesor Armas Fernández
Calle Real

B

C. San
Sebastián

de
Ig
la

Calle del Hospital
Av. del Quinto Centenario

de Colón
Estación de
la Guagua
Auditori
Infanta

C. del Hospital

Avenida
Cabildo Insular
de La Gomera
GM-1

Calle Cañada del Herrero
Calle Ojila
Calle de las Nieves
C. San Pedro
C. Concepción
C. Ubatupo
Calle de las Nieves
Carretera General del Sur
Torre del
Conde

Av. del Quinto Centenario
Barranco de la Villa

C

Calle del Calvario
C. Mulagua
C. Ipalán
C. Agana
Calle Íbala
Parque
del

Prol. Barranco Primera

Ctra. General del Sur
Calle Jonay
Guardia
Civil
Calle Gara
GM-2
Calle de la Concepción

Travesía General Tf713 Segunda

P
San

Travesía Descubridores Segunda
Av. del Quinto Centenario

D

Calle Único
Calle Disa
Avenida de los Descubridores
Playa de
La Punta

1

2

Puntallana

Calle Mayor

Calle Manuel de Falla

Calle Llano

Calle el Cedro

C. la Panadería

Camino de Puntallana

Prol. Era Primera

C. Núñez de Balboa

C. José Artígas

C. José Martí

C. Simón Bolívar

C. San Martín

Calle Sucre

Calle Pista de las Palmitas

C. Juan Sebastián Elcano

Puntallana

Calle

Calle Roque Bermejo

C. de la Orilla del Llano

C. Gianche

C. Oroja

C. Marcial

C. Avaló

Calle la Era

Calle Majona

Calle Lomo del Clavo

CV-2

Cementerio Municipal de San Antonio

Calle Carretera al Faro

Prol. Faro Primera

C. Liriazo Uno

C. Liriazo Cuan

A

B

C. Llano Villa

C. Llano Villa

Calle el Cascante

Calle Lomo del Clavo

Molino de Gofio Imendi

Museo rqueológico

Casa Bencomo

Palacio de os Condes

Casa de la Aduana (Pozo de la Aguada)

Calle la Pista

Calle la Pista

Calle la Pista

Calle la Hila

C. Virgen de Guadalupe

Pl. de la Constitución

de Padrón

orre

P

P

Ayuntamiento de San Sebastián de la Gomera

Mirador de la Hila

Parador de La Gomera

Calle Cañadas las Palomas

Playa de la Cueva

C

Paseo Fred Olsen

Marina La Gomera

e

stián

Fred Olsen Gomera

Calle de San Sebastián

D

3

4

● ● ● ● ● ● ● ●
🅞 B3
Iglesia de la Asunción

▼ Torre del Conde o de los
   Pedraza. Abajo, iglesia
   de la Asunción.

un vetusto **pozo** en donde se aprovisionaban de agua las embarcaciones que recalaban por la isla y, de una manera especialmente memorable, las tres carabelas colombinas. Como reza la leyenda inscrita en su brocal: "con esta agua se bautizó América".

Otra notable construcción, cuyos cimientos datan del siglo XV, es la **iglesia de la Asunción,** que recogió las oraciones del Almirante, su marinería y las de todos los navegantes que, durante siglos, se adentraron en el Mar de las Tinieblas.

En un principio este histórico templo poseía una portada gótica tardía, hecha en cantería roja, donde se apreciaba un arco ojival apuntado de estructura torneada. Diversas modificaciones y remodelaciones la hicieron pasar por el barroco y todos los órdenes que posteriormente se fueron poniendo de moda. Quizás, gracias a esos continuos maquillajes aquitectónicos es por lo que aún permanece en pie.

Posteriormente, en el siglo XVIII, como cumplimiento de la promesa hecha por don Diego Bueno si ganaba la batalla al pirata inglés Charles Windon, fue construida la **capilla del Pilar,** en la que se conserva un interesante mural alusivo al heroico episodio. Entre los tesoros más destacados que se conservan en el interior del templo están el retablo barroco de la capilla del Pilar y su artesonado mudéjar; la reja barroca del coro, tallada en madera; la talla de la *Virgen de la Asunción,* del barroco sevillano del siglo XVIII; un San Miguel de terracota de la misma escuela; el *Cristo Crucificado,* obra de José Luján Pérez; la talla de la *Inmaculada Concepción,* de escuela tinerfeña de Fernando Estévez, y las imágenes barrocas de *San Pedro* y *San José,* de este mismo

imaginero. La *Tabla del Renacimiento,* representando a Cristo con la cruz a cuestas, y los murales del siglo XVIII de sus laterales completan la nómina de sus valiosas obras de arte.

Desde la Calle Real, que atraviesa la villa de uno a otro extremo, nos encontraremos con interesantes manifestaciones de la arquitectura colonial. Se nos presentará la mansión que sirvió de **palacio** a los **condes,** en la que se distingue un bonito balcón tamizado por una vetusta celosía. Es cierto que el edificio sufrió del desdén y el maltrato, pero posteriores restauraciones han recuperado su bella estampa. Más adelante hallaremos otra **casa** importante, la **de Antonio Ruiz de Padrón,** figura destacada en las Cortes Constituyentes de 1812. Y, frente a esta, otra no menos notable, pues según la tradición se convirtió en la **residencia de Colón** durante su escala antes de partir hacia el Nuevo Mundo.

La construcción histórica más notable y que más se destaca desde cualquier ángulo es la **torre del Conde** o torre de los Peraza, cuyas paredes guardan todo el devenir de la historia de la isla, su política y otros hechos de capital relevancia. Fue comenzada por Diego de Herrera, quien compró esta y otras islas al normando Bethencourt, y acabada por los célebres Peraza. Tiene una altura de 15 m, aunque se supone que en sus orígenes poseía un piso más. En realidad, la obra no fue concluida según el proyecto original, pues los Peraza no pudieron afrontar su financiación y tuvieron que conformarse con una casa-fuerte, dejando solo concluida la torre del homenaje, es decir, la actual edificación.

En esta atribulada torre tuvo refugio doña Beatriz de Bobadilla al producirse la célebre rebelión encabezada por el brujo aborigen Hupalupu, quien ejecutó a su esposo, el gobernador de Gran Canaria Hernán Peraza. Para poner orden en la isla fue llamado Pedro de Vera, que cumplió con lo solicitado. Tranquilizada la isla, invitó a los nativos a rendir homenaje al conde en sus funerales. Aprovechando el religioso oficio, los crédulos indígenas fueron hechos prisioneros, luego degollados y, finalmente, tirados al mar. Menos mal que las mujeres y los niños se salvaron de la masacre, pero fueron desterrados de la isla.

El **Museo Arqueológico,** instalado en la casa de los Echevarría, familia destacada como regidores y militares de la isla en el siglo XVIII, conserva piezas arqueológicas de gran valor para el conocimiento de los antiguos aborígenes, así como recreaciones de yacimientos y un completo material didáctico.

▲ Interior del Museo Arqueológio (arriba) y ermita de San Sebastián.

· · · · · · · ·

🕐 C3
Palacio de los Condes

· · · · · · · ·

🕐 B2
Casa de Colón
✉ Calle Real, 56.
🔗 https://museos.lagomera.
   es/otros-centros-visitantes/
🕐 De lunes a viernes de 8 h a
   15 h.

· · · · · · · ·

🕐 C2
Torre del Conde
✉ Parque Torre del Conde, s/n.

· · · · · · · ·

🕐 B3
**Museo Arqueológico
de La Gomera (MAG)**
✉ Torres Padilla, 6 (plaza de la
   Iglesia de la Asunción).
☎ 922 141 586.
🔗 https://museos.lagomera.
   es/magmuseo/
🕐 De lunes a viernes de 9 h a
   14 h.

Un lenguaje singular y los sufridos gomeros

El conocimiento de la particular orografía insular nos da pie a comprender con rapidez la razón de ese lenguaje tan característico de los gomeros. Los profundos barrancos que conforman su territorio motivaron que los nativos agudizasen el ingenio, inventándose un sistema de comunicación a base de silbidos modulados, único en el mundo. Así han podido, a través de los siglos, transmitirse las noticias cotidianas, tales como enfermedades, defunciones y todo tipo de recados. Hoy el asunto es más conocido fuera de la isla. Hemos visto, incluso, a algunos nativos en programas de televisión, como si de un espectáculo circense se tratara, comunicándose entre sí con sus silbidos sin el mínimo error.

Y llegados al tema del carácter de los gomeros, bueno es recordar que este pacífico pueblo padece, como el de Lepe y tantos otros en muchos países del mundo, el protagonismo de todos los chistes y chascarrillos de tontos. El origen, al parecer, fue la llegada a Santa Cruz de Tenerife de algún *magillo* (hombre de campo), quien, deslumbrado por las "maravillas" de la urbe, sus casas de más de una planta, las *guaguas* (autobuses), las tiendas, los anuncios de neón, el tráfico y tantos otros atributos de las grandes ciudades, debió de cometer alguna sonora *magada*. De ahí que, en poco tiempo, les atribuyeran el protagonismo de todas las torpezas y la adjudicación de cualquier chiste de tontos.

▲ *Monumento al Silbo Gomero*, de Darías Mora. Mirador de Igualero.

❙ ALREDEDORES DE SAN SEBASTIÁN

Una de las visitas que se deben hacer partiendo desde San Sebastián es al **Parque Nacional de Garajonay,** incluido en parte en este término municipal. Junto al interés de su flora y su fauna, destaca el conjunto de *roques,* como el de *Agando,* formaciones geológicas de gran tamaño y origen volcánico que constituyen la máxima expresión de grandeza en el paisaje insular.

Al noreste del municipio está el **Parque Natural de Majona,** prolongación del parque nacional y espacio protegido que llega hasta la costa, donde existe un bosque de tabaibas de gran importancia para la investigación botánica.

El *barranco del Cabrito* es otro espacio natural protegido, incluyendo en su área buena parte de los barrancos de La Guancha y Juan de Vera.

La *Reserva Natural Especial de Puntallana* es un espacio de gran riqueza paisajística e importantes valores naturales. Abarca el barranco y la plataforma litoral de Puntallana, los acantilados y los roques de Aluce, todos ellos elementos singulares

▲ Barranco de Benchijigua.

de destacado interés científico. La flora del lugar cuenta con varios endemismos, algunos amenazados y protegidos, como la tabaiba gomera (*Euphorbia bravoana*), que tiene en el barranco de La Sabina la mejor población de la isla.

En el interior, tangente al Parque Nacional de Garajonay, resulta también de gran interés la ***Reserva Natural Integral de Benchijigua.*** Es una zona de abruptos y verticales paredones, en los que se desarrolla un importante hábitat rupícola con una alta concentración de especies endémicas y amenazadas, muchas de las cuales están protegidas, como la chahorra (*Sideritis marmorea*), el tajinaste (*Echium acanthocarpum*) o la siempreviva (*Limonium redivivum*). La zona incluye los acantilados y el ***roque de Agando,*** integrado a su vez en la zona del Monumento Natural de los Roques, y que constituye el elemento geomorfológico más representativo y singular de este paraje. Se accede a la zona a través de la carretera que asciende desde San Sebastián hasta Garajonay, y hay diversos senderos que recorren el lugar. El principal parte de los alrededores del roque de Agando y desciende hasta la ermita de San Juan y la presa de Benchijigua.

| HERMIGUA

La localidad de Hermigua está situada en un valle muy fértil, cubierto de plataneras regadas por el agua que viene de El Cedro, en el Parque Nacional de Garajonay. Desde San Sebastián hay 20 km de distancia, por la

carretera TF 711. Su economía es fundamentalmente agrícola, aunque en las tierras de su latifundio sigue imperando el modo de producción feudal denominado aparcería, en el que propietarios y jornaleros se llevan el producto a partes iguales. La emigración ha sido una pauta de comportamiento histórico de este municipio, como lo ha sido del resto de la isla.

Hermigua presenta una estampa marcadamente rural, con sus casas dispersas en barrios a lo largo del extenso valle. Quizás esta característica explique que la gente de Hermigua sea tan abierta y confiada, deje las puertas sin cerrar con llave y viva entre un ambiente tranquilo y acogedor. No es raro que al cabo de un rato de charla con un visitante le inviten a un café.

El barranco de Hermigua, con sus barrios de Aceviños y San Pedro, es con certeza la zona más rica de la isla. Su población se alberga en una pintoresca villa de pulcras y blancas casas. En el barrio del Convento se halla el conjunto formado por el **monasterio** y la **iglesia de Santo Domingo de Guz-**

◀ Hermigua.

mán. Construido por los dominicos en el siglo XVI con el objetivo de cristianizar a la población nativa de la zona, el conjunto cuenta en su interior con un magnífico artesonado mudéjar e imágenes de gran valor artístico, como la de San Pedro y Nuestra Señora del Rosario, de escuela popular. Sus retablos son de estilo barroco, pero con las características de la artesanía popular. Valle abajo, entre plataneras y casas blancas, se alza la modesta **iglesia de Nuestra Señora de la Encarnación,** del siglo XVII. En la franja costera, entre roquedos y acantilados, se abren la *playa de Santa Catalina,* la más cercana al casco urbano, y la *playa de la Caleta,* con piscinas naturales.

I ALREDEDORES DE HERMIGUA
Un amplio sector de este municipio está integrado en el **Parque Nacional de Garajonay,** formado por las cabeceras de los *barrancos* de El Cedro y de Liria. En *El Cedro* se encuentra la mayor masa floral de laurisilva del archipiélago. La cuenca del arroyo

de El Cedro y el espectacular caidero (salto de agua) de La Boca del Chorro resultan muy agradables.

El **Parque Natural de Majona,** en la zona oriental del municipio, es un amplio espacio protegido que comparte con San Sebastián, que va desde los acantilados costeros hasta el límite de Garajonay. Reúne en sus entornos elementos propios del piso basal, desde las sabinas hasta el monteverde.

En **Las Hoyetas** está el **Museo Etnográfico** fundado por el canariólogo Virgilio Brito, en el que, además de las explicaciones sobre la historia, evolución y desarrollo de Canarias, se encuentran objetos de interés antropológico, histórico y etnográfico. También está presente la artesanía local, con exposición de maderas repujadas, instrumentos musicales, sobre todo la chácara y el tambor gomero, traperas, y artesanía derivada de la corteza de la platanera.

**Museo Etnográfico
de La Gomera (MEG)**

✉ Ctra. General.
Las Hoyetas, 99 (Hermigua).

☎ 922 881 960.

🌐 https://lagomera.travel

🕐 En verano: de lunes a
viernes de 10 h a 14 h y de
15 h a 18 h.

❙ AGULO

A 5 km de Hermigua se encuentra el bello pueblo de Agulo, asentado bajo un anfiteatro rocoso, constituido por un cráter volcánico con insólitas cascadas de agua. La agricultura es el pilar de su economía, sobre todo el cultivo del plátano, las vides y los tubérculos. Agulo es un precioso balcón verde sobre el océano Atlántico, mar que sigue ofreciendo una gran variedad de peces para sus pescadores y aficionados.

Es recomendable visitar el pueblo durante la celebración de las *fiestas de San Juan,* en las que destacan sus famosos ramos y arcos frutales, cuyas

▼ Mirador de Abrante.

elaboraciones ocupan a casi todos los habitantes de los cercanos caseríos, con gran competitividad.

El paseo por el casco urbano, llegando hasta sus límites, resulta muy agradecido. Agulo tiene una buena muestra de la arquitectura popular canaria, con casas estrechas y altas, algunas con zaguán y patio en su interior. Está conformado por tres caseríos, en cuyo centro se alza la **iglesia de San Marcos,** construida en el siglo XVIII, dando paso a una edificación moderna en la que se venera un Cristo, obra de artista tinerfeño. La **casa del pintor José Aguiar,** natural de este pueblo, se ha convertido en un museo de parte de su obra, así como de objetos personales y bocetos de este prestigioso muralista fallecido en 1976 en Barcelona.

Aunque buena parte del territorio municipal de Agulo se encuentra incluido dentro del **Parque Nacional de Garajonay,** no existe ningún itinerario que pueda conducir fácilmente a su centro. Pero sí se puede visitar, marchando por la cañada en dirección al barrio de La Palmita, el **Centro de Interpretación del Juego de Bolas,** situado en una zona preciosa del Parque Nacional de Garajonay, en el que se observan las exóticas variedades y los endemismos fósiles de su ecosistema, declarado Patrimonio Mundial.

La *montaña* rojiza *de Abrante,* que divide los barrios de La Palmita y Las Rosas, en la parte alta del municipio, constituye un perfecto **mirador** sobre el valle y el apretado caserío de Agulo. El trayecto, de gran belleza paisajística, nos llevará

▼ Vista de Agulo.

luego a la localidad de **Vallehermoso,** pasando por el poblado de **Las Rosas;** y, si nos desviamos un poco de la carretera, al de **La Palmita,** situado en el acantilado de Agulo.

VALLEHERMOSO

Vallehermoso es una de las localidades que más bonita estampa palmeril presenta. Posee una **iglesia** dedicada a **San Juan Bautista,** levantada en 1570 y reedificada en 1774, siendo la actual la que se construyó en 1900, después de que un incendio destruyera la original. En Vallehermoso hay que contemplar, además, el *roque Cano,* admirable formación geológica de gigantescas proporciones. También se recomienda acercarse a su costa y admirar una imponente obra arquitectónica natural, *Los Órganos.* Aunque, debido a su situación, es más aconsejable hacer la excursión por mar.

Los Órganos son el mejor ejemplo en Canarias del pitón sálico, en el que la erosión marina ha dejado al descubierto un espectacular conjunto de prismas verticales, un sorprendente ejemplo de formación columnar. La formación de aquellas gigantescas columnas, parecidas a los tubos de un órgano de viento, son de un gran espesor. Buena parte de su estructura está debajo de la superficie de las aguas marinas, cuyos fondos son de especial geomorfología y un enclave fundamental de la riqueza biológica, por lo que ha sido declarada Reserva Marina. Su

◀ Vista de Vallehermoso.

posición en el litoral, en una zona prácticamente inaccesible, hace que la contemplación del monumental conjunto solo sea posible a través del mar.

Son importantes los vestigios aborígenes del municipio de Vallehermoso, entre los que están la **necrópolis de Tejeleches** y la **fortaleza de Chipude.** La fortaleza de Chipude es un impresionante monumento natural que se yergue sobre las nubes, una mesa de montaña situada en el sector suroccidental de la isla, de 1.234 m de altitud, al que los indígenas gomeros denominaban Argodey. Es asimismo un gran yacimiento arqueológico, en el que fueron excavadas siete tipos de estructuras por un grupo de arqueólogos e investigadores de la universidad de La Laguna. Estas estructuras respondían a las siguientes categorías: cabaña circular, rediles, conjunto de cabañas de otro tipo, cuevas habitacionales y cuevas de hogar, cuevas de reunión y cuevas de espera, seguramente de carácter religioso.

Vallehermoso tiene algunos caseríos de especial encanto en los que se conserva la arquitectura tradicional, tales como **Tamargada, Chipude** y **Tazo.** La **ermita de Santa Lucía** en **Tazo** es un contrapunto en el nutrido palmeral. La Gomera tiene más de 120.000 palmeras en sus vegas, con cuyo jugo, el guarapo, se hace la miel de palma. En el gran palmeral de Tazo, el más destacado de La Gomera, están presentes la palmera canaria, la datilera y un híbrido de aquellas dos.

El sur
De Vallehermoso hasta el Parque Nacional de Garajonay y Playa de Santiago

Oficina de Turismo de Valle Gran Rey

✉ Calle La Noria, 2. La Playa.
☎ 922 805 458.
🌐 https://lagomera.travel
🌐 http://vallegranrey.es/areas/turismo/
🕐 De lunes a viernes de 8 h a 14 h (verano), 15 h (invierno). Cierra sábado, domingo y festivos.

▼ Valle Gran Rey.

▎VALLE GRAN REY   ✳

Desde Vallehermoso, en dirección sur, ascendemos vertiginosamente para dirigirnos hacia Valle Gran Rey, población que se sitúa al fondo del barranco que lleva su nombre, una de las vegas más ricas y prósperas de la isla. Sus caseríos se encuentran en el margen derecho de la desembocadura de un profundo barranco; es, pues, una localidad muy abrigada al tiempo que soleada, condiciones que han dado lugar a varios cultivos tropicales, sobre todo, plátanos. Cuenta con una de las mejores playas de la isla y es la zona turística por excelencia.

Su fama de playa turística le viene de la época de la conquista. Allí los tantas veces nombrados condes disfrutaban de sus baños de mar; eso sí, en dos *charcos*: el *del Conde* y el *de la Condesa*. A pocos metros de la orilla emerge una roca llamada la **Baja del Secreto,** nombre que tomó porque, al parecer, allí tuvo lugar la conjura para acabar con el tirano conde Hernán Peraza.

El poblamiento indígena de la zona se concentraba en las partes más elevadas del amplio valle, surcado por profundos barrancos, que desciende desde el altiplano central de la isla. Pero los europeos llegados a esta zona a mediados del siglo XVIII prefirieron asentarse más cerca del mar, aprovechar las zonas bajas para el cultivo de plátanos y tomates y exportar estos productos a través de un pequeño puerto que construyeron en la acantilada costa. Gracias a estos cultivos de exportación, la región pudo crecer económica y demográficamente, concentrando parte de su esplendor en núcleos como **Vueltas** y **La Calera.** Hoy, esta zona costera se ha convertido en uno de los principales espacios turísticos de La Gomera, aunque sin grandes aglomeraciones ni abusos urbanísticos.

El paisaje de la zona es sorprendente, con las terrazas de cultivos que otorgan una estampa escalonadamente verde, y con las palmeras que le confieren un aspecto tropical. Los caseríos diseminados se disponen ordenadamente entre el mar y la montaña. Entre los más bellos conjuntos de casas sobresalen los barrios de **Taguluche, Las Hayas** y especialmente **Arure,** donde fueron construidas en el siglo XVI las **ermitas** de **San Nicolás de Tolentino** y de la **Adoración de los Reyes,** ambas merecedoras de una visita.

Pero si Valle Gran Rey se ha erigido como una de las más importantes zonas turísticas de la isla es por la gran cantidad de atractivos naturales que ofrece al viajero. Su litoral es el que concentra los barrancos más impresionantes de La Gomera. Entre estos se abren la **playa del Inglés,** muy concurrida, la de **La Calera,** rodeada de montañas, o la de **Argaga.** Buena parte de este sector costero está protegido bajo la figura de **Parque Rural de Valle Gran Rey,** en el que los barrancos son los grandes protagonistas, el vértigo y el asombro las sensaciones dominantes, y que esconde agradables rincones, con numerosos endemismos vegetales, una rica avifauna y refrescantes nacientes de agua. El conjunto representa un paisaje rural especialmente armónico y de gran belleza, donde la erosión ha modelado una peculiar orografía de fuertes pendientes y fértiles valles, modificados por el hombre con la construcción de bancales casi imposibles.

Del sector costero destaca el **Monumento Natural del Lomo del Carretón,** referencia paisajística

▼ Valle Gran Rey.

Playas, calas y piscinas

La Gomera ofrece, en sus 90 km de costas de una belleza atlántica y salvaje, playas de callaos y de arena negra, calas de aguas cristalinas, piscinas naturales a las faldas de impresionantes acantilados y fondos submarinos de gran riqueza.

Algunas de sus muchas playas son: en los límites de San Sebastián, las de **Tapahuga, El Medio** (solitaria como todo lo que está en medio) y **Chinguarime,** muy tranquilas las tres, de arena negra y callao y a las que se llega por cómodos senderos intercomunicados.

En Valle Gran Rey, la playa de **La Calera,** en una zona urbanizada, con restaurantes en la avenida marítima y de fácil acceso.

Todo lo contrario que la aislada playa de **Arguamul** en Vallehermoso, en un espacio totalmente virgen, **La Caleta** en Hermigua, recogida cala de baño tranquilo, o **La Cantera** en Alajeró, cerca de Valle Gran Rey, con una antigua conservera en ruinas a la que se puede acceder por mar o por un sinuoso camino.

de los caseríos de Taguluche y Alojera. Se trata de una formación de gran interés geológico y notable riqueza florística, conformando una excelente muestra de hábitats rupícolas con diversas especies amenazas y protegidas como la tabaiba (*Euphorbia lambii*) o el cardoncillo (*Ceropegia ceratophora*).

Uno de los mejores enclaves para obtener una buena perspectiva del valle es el *risco de Guadá,* desde el que se puede comprobar cómo los bancales van trepando por las empinadas laderas en la búsqueda desesperada de un espacio plano apto para cultivar. Otro excelente mirador, este sobre la franja costera, es el *risco de La Mérica,* desde el que se aprecian los majestuosos *acantilados* que caracterizan esta parte de la costa.

Los *charcos del Conde* y *del Cieno,* catalogados y protegidos ambos como Sitios de Interés Científico, constituyen unos singulares ecosistemas litorales, perjudicados por el auge del turismo y el aumento de la construcción.

El *charco del Conde* constituye una muestra de hábitat halófilo costero, con una amplia población de tarajales y una esporádica población de aves limícolas que lo visitan.

◄ Playa del Inglés.

El *charco del Cieno,* por su parte, es uno de los humedales mejor conservados de la isla y uno de los últimos saladares naturales de Canarias. Alberga también una buena muestra de plantas halófilas, algas de aguas someras y aves limícolas, algunas de ellas protegidas.

Otro de sus espectaculares paisajes es el *cañón de los Guadá,* con su barrio de **La Vizcaína,** zona de extensos palmerales y escalonadas huertas de labranza. En tiempos de la conquista los condes tuvieron por aquí una explotación de seda, de cuya actividad queda como testimonio la **casa de la Seda.**

CHIPUDE

Merece la pena salirse un poco de la ruta y, por La Vizcaína, llegar hasta **Chipude,** de gran primitivismo, donde la patrona de la provincia de Tenerife tiene otro lugar para su culto; estamos hablando de la **iglesia de Nuestra Señora de la Candelaria.** Tras el rústico pueblo se erige una gran montaña, llamada *La Fortaleza* pues su configuración recuerda a un castillo medieval.

Finalmente llegaremos a **El Cercado,** famoso por su alfarería, arte que viene de la época prehispánica, y que cuenta con el **Centro de Interpretación Las Loceras.**

EL PARQUE NACIONAL DE GARAJONAY ★★

Desde El Cercado seguimos rumbo hacia **Igualero,** idílico caserío construido de piedra, barro y tejas, contrapunto de ese paisaje en soledad que procuran los escarpados riscos y palmerales. A poco, llegaremos al pico de Garajonay y sus aledaños, es decir, el parque nacional. El Parque Nacional de Garajonay, Patrimonio Mundial, título concedido por la Unesco, tiene una extensión muy cercana al 10 por ciento de la superficie total de la isla, y su altura máxima, erigida sobre un silencioso mar de nubes, alcanza casi los 1.500 m. La masa forestal de su bosque, que en verano es muy proclive a los incendios (uno de ellos hizo temer por su continuidad), está conformada por laurisilva, endemismo que ha desaparecido prácticamente del planeta, uno de los motivos que llevó a la Unesco a concederle tal distinción.

El brezo *(Erica arborea),* uno de sus ejemplos botánicos más representativos, llega a alcanzar en este singular paraje más de 6 m de altura, pudiendo identificarse con restos fósiles del antiguo Mar de Tetis.

Su paz se quiebra una vez al año en el último domingo de agosto, cuando los romeros, con los condumios típicos de la isla, al son del tambor y los cantos, organizan pintorescos y antiguos bailes rituales. A pesar de lo incómodas que puedan resultar sus carreteras, labradas en las laderas y llenas de curvas, las excursiones por el parque representan un refrescante reencuentro con la naturaleza, con la campiña en su estado más genuino.

Centro de Interpretación Las Loceras
- ✉ Plaza de El Cercado (Vallehermoso), en las proximidades del Parque Nacional de Garajonay.
- ☎ 922 804 104.
- 🖥 https://lasloceras.com
- ⏰ De martes a domingo de 9.30 h a 13.30 h.

ℹ Parque Nacional de Garajonay
▶ ver pág. 55.

▼ Fortaleza de Chipude.

ALAJERÓ

Desde Igualero, otra vez fuera del parque, el camino desciende hasta Alajeró ("casa del pan" en lengua aborigen), localidad de marcado acento bucólico, donde el paisaje, con los almendros, palmerales y viejos caseríos, forman una bella estampa idílica.

El pueblo se extiende por una ladera de montaña y se asoma al mar en la playa de Santiago. Su litoral marino es un lugar excepcional para la pesca submarina y los deportes náuticos. La portada de la **iglesia** parroquial **del Salvador del Mundo** está elaborada con maderas nobles y remaches forjados, realizados en el siglo XIX. En su interior se conservan las armaduras mudéjares, donadas por el señorío, y una talla de Cristo del siglo XVII. En una de las faldas del barranco de Herques se encuentra la **ermita de San Lorenzo,** construida en 1502 y reconstruida tres siglos después. Antes de visitar los alrededores es recomendable dar un paseo por las calles del pueblo.

Como casi todos los municipios gomeros, Alajeró tiene parte de su término municipal incluido en el **Parque Nacional de Garajonay.** Desde Alajeró se pueden visitar las cumbres de Tajaqué-Imada, desde las que existe una vista inigualable del parque.

Alajeró dispone de otras singularidades naturales protegidas: por ejemplo, el *Paisaje Protegido de Orone,* que se extiende entre los barrancos de Erques y la Negra, es un lugar silencioso y enigmático

▼ Tramo de costa en los alrededores de Alajeró.

Oficina de Turismo de Playa de Santiago
Avda. Marítima, s/n. Edificio Las Vistas, local 8.
922 895 650.
https://lagomera.travel

envuelto por una naturaleza de orígenes muy remotos; en el litoral, los sobrecogedores *acantilados de Alajeró,* que resultan aún más impresionantes si se contemplan desde el mar. El **mirador de Igualero** constituye una perfecta atalaya para contemplar los profundos barrancos que descienden desde el centro de la isla hasta el litoral.

HACIA PLAYA DE SANTIAGO

Bajando por la carretera que lleva a Playa de Santiago, aparece la pequeña **iglesia de San Lorenzo** y el caserío de **Antocojo.** Antes de llegar al casco urbano de Alajeró, con sus típicas calles empedradas y sus construcciones tradicionales, se encuentra la villa de **Agalán,** donde puede verse uno de los pocos dragos que crecen en La Gomera.

Alcanzaremos finalmente Playa de Santiago. También se puede llegar por barco, ya que no hay ninguna carretera que bordee la isla por el litoral sur, o desde San Sebastián, pasando por la *degollada de Peraza,* con espléndido mirador, los caseríos de Veigiapala y Las Toscas.

Playa de Santiago es uno de los pueblos más bellos de la isla. Su playa es, además, enclave costero importante, con pintoresco puerto y poblado marinero, y su clima primaveral acaba por definir una localidad de gran atractivo turístico.

▼ Playa de Santiago.

El Parque Nacional de Garajonay

La isla de la Gomera presenta una forma redondeada en cuyo centro se extiende una altiplanicie de relieve ondulado, con la máxima cota en el alto de Garajonay (1.487 m) y con profundos barrancos excavados por la erosión, que descienden hacia el perímetro costero. Toda esta altiplanicie central alberga un manto de vegetación que puede considerarse único en el mundo: es la mayor y mejor conservada extensión del bosque de laurisilva canario, una singular y tupida selva que se mantiene permanentemente verde gracias al manto de niebla casi constante que la envuelve, en radical contraste con los secos paisajes de las zonas bajas de la isla. Para preservar este excepcional paraje se creó en 1981 el Parque Nacional de Garajonay, con cerca de 4.000 ha protegidas, que posteriormente fue declarado por la Unesco Patrimonio Mundial.

LAS LADERAS DEL NORTE

Existen varias carreteras que, desde diversos puntos del litoral, ascienden hasta el centro de La Gomera y se adentran en el parque nacional. El recorrido más habitual es el de la carretera que une San Sebastián de La Gomera, al este de la isla, con Valle Gran Rey o con Vallehermoso, al oeste, que atraviesa gran parte de la zona protegida.

Nuestro itinerario, sin embargo, propone dirigirse primero hasta **Hermigua** y **Agulo.** Poco después de esta localidad aparece un cruce a la izquierda con una de las carreteras que sube hacia el parque y pasa junto al **Centro de Visitantes Juego de Bolas,** en el que es muy aconsejable realizar una parada. El centro cuenta con unos didácticos paneles y audiovisuales sobre el parque. También se puede adquirir artesanía local, libros, mapas y folletos o contratar un servicio de excursiones guiadas.

Sobrepasado el Centro de Visitantes, la carretera asciende hasta el **Lomo del Dinero,** ya entre una notable masa boscosa. El **mirador** allí emplazado ofrece unas buenas vistas de las laderas septentrionales de Garajonay, con valles y colinas tapizadas del bosque de laurisilva.

Parque Nacional de Garajonay Centro de Visitantes Juego de Bolas

- ✉ La Palmita-Agulo.
- ☎ 922 800 993.
- 🌐 www.parquesnacionalesde canarias.es
- 🌐 www.gobiernodecanarias. org/parquesnacionales
- 🌐 www.miteco.gob.es
- ℹ Con salas de exposición y proyección de un audiovisual sobre el Parque Nacional. En el exterior se puede disfrutar de unos jardines con una amplia representación de la flora de Canarias.

Zona recreativa de Laguna Grande

- ✉ Situada en el centro del Parque Nacional.
- 🕐 Siempre abierto. Punto de información: todos los días de 9.30 h a 16.30 h.
- ℹ Es la zona recreativa más importante de la isla. Dispone de parque infantil, restaurante, punto de información del Parque Nacional y red de senderos autoguiados.

▲ Parque Nacional
de Garajonay.

Poco después se entra en los límites del parque y la siguiente parada que puede realizarse es en el **mirador de Vallehermoso,** desde el que se obtiene una excelente panorámica sobre esta localidad y sus montes, cubiertos de extensos sabinares degradados.

▍HACIA VALLE GRAN REY

La carretera prosigue hacia el sur con numerosas curvas y un excelente entorno boscoso de laurisilva hasta confluir con la carretera transversal entre San Sebastián de La Gomera y Valle Gran Rey. En este punto se halla el lugar de **La Laguna Grande,** con un servicio de información, un bar-restaurante y un sendero interpretativo a través de los alrededores más inmediatos. Es el principal núcleo de servicios en el interior del parque. Desde allí puede irse primero en dirección a Arure y Valle Gran Rey. A lo

largo del trayecto aparecen las conexiones con algunos senderos y pistas, como el que lleva al **área recreativa** y **jardín de Las Creces**. Este lugar se inserta en medio de densas comunidades de fayal-brezal, y centra una red de senderos bien señalizados, con ramales que se dirigen hasta los caseríos de **Arure** y **Las Hayas.** Un poco más adelante, en la carretera, también el sendero que lleva hasta la **cañada de Jorge,** y de allí hasta Arure, atraviesa un interesante fayal-brezal.

En la salida del parque hacia Arure y Valle Gran Rey, se hallan el **mirador de Piedras Hincadas** y el lugar de **Los Barranquillos,** en el que se ha habilitado un corto sendero, apto para todos los visitantes, que atraviesa unas fabulosas áreas de fayal-brezal y se asoma a unos imponentes acantilados. Es unos de los mejores puntos para conocer las singularidades de Garajonay sin un gran esfuerzo.

Excursión al monte del Cedro

Otra excursión interesante es la visita al *monte del Cedro.* Para ello tomaremos la carretera del norte, una vez pasado el túnel que nos deja en Hermigua. En el punto denominado El Rejo comenzaremos una vía que nos llevará hasta el monte, después de pasar por el bonito poblado de La Meseta.

El caserío de **El Cedro** se halla a la entrada del bosque. Es famoso por la construcción de las chácaras, unas castañuelas gigantes que se utilizan para el baile del tajaraste gomero; así como almireces, platos, cubiertos y otros utensilios.

Se encuentra en una depresión situada en el barranco que lleva su nombre. Su frondosa masa forestal, surcada por bellas cascadas que se aprovechaban para mover molinos, está formada por brezos, barbuzanos, laurel canario, acebiños, tilos y fayales, principalmente, sin olvidar unos magníficos helechos gigantes y otras plantas y arbustos.

En cuanto a la fauna, hasta hace unos años existían cerdos salvajes, y ciervos, traídos, como las palmeras, por los antiguos condes.

Desde este paraje podremos ir hasta otro no menos agradable, *Cabeza de Toro,* atalaya magnífica para la contemplación del abrupto paisaje y, en especial, los majestuosos roques de Agando, Ojila y el caserío de Benchijigua. Desde aquí se llega al *pico* de mayor altura, el *Garajonay* zona privilegiada con magníficas vistas.

I LA MARAVILLA DE LAS MIMBRERAS **✶✶**

Hay que volver atrás, hasta **La Laguna Grande,** para conocer ahora el sector oriental del parque. Para ello tomamos la carretera que baja hacia la capital insular.

Poco después del *alto de Cherelepín,* punto culminante de la carretera (1.360 m), aparece a la derecha la pista que permite subir a pie hasta el *alto de Garajonay.* En una corta excursión se puede ascender hasta la cima de la isla (1.487 m), entre una magnífica cubierta vegetal de fayal-brezal y con unas vistas aéreas insuperables.

Justo frente al arranque de la pista que sube al alto de Garajonay, pero al otro lado de la carretera, tiene su inicio el sendero que lleva hasta *Las Mimbreras* entre un denso y sorprendente bosque de laurisilva propio de las vertientes septentrionales del parque, a través de un valle con un curso de agua permanente y una sorprendente cascada. El verdor y la frondosidad selvática hacen de este recorrido uno de los más recomendables.

Se trata, además, de un sendero señalizado mediante postes numerados que indican los aspectos más interesantes. El camino lleva hasta la **ermita de Lourdes,** con un área recreativa, y desciende hasta el caserío de **El Cedro** y **Hermigua.**

Otra vez en la carretera, viene a continuación la cumbre de *Tajaqué,* con el mirador del mismo nombre, desde el que se contemplan las calderas erosivas de Benchinjigua, al sur, con un árido paisaje que contrasta fuertemente con el verdor del valle del Cedro, hacia el norte, tapizado de laurisilva.

Otros miradores aparecen poco después a pie de carretera. Se trata de los **miradores de Los Roques,** emplazados adecuadamente para disfrutar del impresionante conjunto de pitones volcánicos que allí se elevan: el *roque de Ojila* (1.168 m), el *roque de la Zarcita* (1.234 m), el *roque de Carmona* (1.103 m) y el *roque de Agando* (1.182 m).

Antes de salir del parque y descender a San Sebastián, puede volverse ligeramente atrás, hasta el **cruce de la Zarcita,** que habremos pasado justo antes de los miradores de Los Roques, y tomar desde allí la carretera que baja hacia Hermigua. Ello permite completar el último trayecto en coche por el interior de Garajonay –siempre entre el bosque de laurisilva– y detenerse en los **miradores** de **El Bailadero** –desde donde también se contempla el conjunto de Los Roques– y de **El Rejo,** situado este último en una impactante zona de paredones verticales colonizados por vegetación rupícola.

▲ Flora característica de Garajonay: de arriba a abajo, helecho, tajinaste azul y brezo en flor.

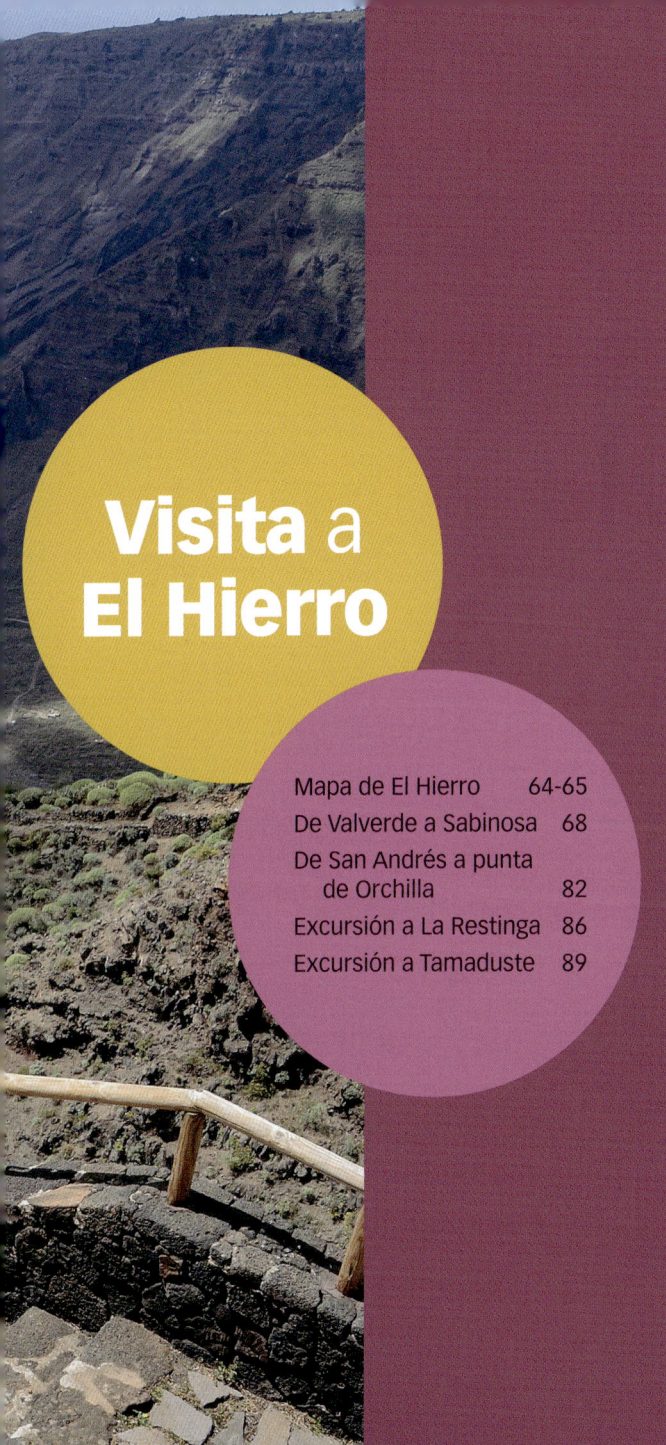

Visita a El Hierro

Isla de
El Hierro

El Hierro es la isla más pequeña y occidental del archipiélago, así como la de más reciente formación. Sus costas son marcadamente accidentadas y llenas de arrecifes. La máxima longitud de su territorio es de 29 km y su mayor anchura, de 20 km. Prácticamente desde el litoral, se levanta violentamente una corona rocosa en forma de media luna que alcanza su máxima altitud en el pico de Malpaso, a 1.520 m, por lo que para acceder de un punto a otro de la isla es imprescindible atravesar esa corona montañosa por estrechos pasos. Es de origen volcánico, conformada por lavas basálticas a las que se han superpuesto depósitos de cenizas y picón. No posee playas de arena, aunque dispone de algunas piscinas naturales, como la de Tamaduste, cerca de Valverde; y el Charco Azul, en el valle de El Golfo.

Dada su pequeña extensión, la isla está dividida administrativamente en tres municipios: Valverde, La Frontera y El Pinar. Como en todas las islas Canarias de marcada configuración montañosa, hay zonas húmedas, las más septentrionales, y otras con marcado aspecto árido. El sobrenombre de "continente en miniatura", que reciben también otras islas de Canarias, cobra inusitada fuerza en esta de El Hierro al ser la más pequeña. La isla ha sido bautizada con diversos nombres. *Ombrión* (del griego "agua llovediza"), *Junonia Menor, Pluvitana, Casperia, Herá...* No se ha podido encontrar el origen de su actual nombre, aunque los historiadores consideran que se trata de una deformación del nombre que le daban sus aborígenes, *Esero,* que fue tornando en *Ecero, Eccero, Acero, Hero.*

La isla no fue conquistada en una sola operación. A principios del siglo XV tuvieron lugar varias expediciones de reconocimiento por parte de marinos andaluces, hasta que en 1405 el normando Jean de Bethencourt, peculiar personaje al servicio de Enrique III de Castilla, realiza la primera incursión con fines coloniales. El desembarco lo llevó a efecto por el litoral de Puerto de Naos, haciendo prisionero en la escaramuza a Augeron, hermano del caudillo Armiche; luego Bethencourt traicionó al nativo, apresándolo junto a un numeroso grupo de ellos, incluido su hermano, para venderlos entonces como esclavos en los mercados de la península. No consolidada del todo la conquista, el comerciante y mercenario francés abandonó la isla para proseguir con sus misiones en Lanzarote, produciéndose por entonces el primer asentamiento colono a cargo de un grupo de familias normandas. Los nativos, después de soportar numerosas tropelías de los europeos, se sublevan y dan muerte al gobernador, el capitán Lázaro Vizcaíno, en el lugar de La Dehesa. Maciot de Bethencourt, a la sazón máxima autoridad del territorio, hace justicia con los nativos y envía a la horca a varios soldados responsables de los desmanes. Luego la isla va pasando por distintos propietarios, hasta que Diego García de Herrera, con métodos más humanos, consigue pacificar un territorio ya escasamente poblado de aborígenes.

Obviamente, a vista de pájaro es como mejor se puede abarcar la configuración de la isla. Esta posibilidad se la brindan al viajero unos nidos de águila, estratégicas atalayas que constituyen su red de miradores.

Asomados al gigantesco valle del Golfo, que supera incluso el de La Orotava en la isla de Tenerife, están colgados sobre el acantilado los miradores de La Peña, Jinama y el de Bascos. El mirador de La Peña, al que se accede por la carretera general, a la salida de Guacaroza, ha sido acondicionado

como restaurante en espectacular creación del artista lanzaroteño César Manrique. El de Jinama, próximo a la localidad de San Andrés, es, asimismo, punto de arranque de uno de los más bellos senderos que permite al caminante acceder a la parte baja del valle.

Finalmente, el mirador de Bascos, el más agreste, está encaramado en unas dramáticas aristas volcánicas, y las frecuentes brumas que lo cercan pueden dificultar, en determinados días, la contemplación del paisaje. Se puede acceder a este mirador por una pista de tierra desde El Sabinal.

Merece destacarse aquí la inmensa concavidad del Golfo, semejante al mordisco de algún mítico cíclope. No se trata, pues, de un cráter sino del producto de un monumental deslizamiento del gran cono volcánico de la isla, estimado en más de 40 km^3, que se precipitó al mar formando una gigantesca ola (tsunami), cuya fuerza llegó a alcanzar las costas americanas. Si la isla contó durante años con un récord del Guiness por su hotel más pequeño, es de destacar que desde hace miles de años cuenta con el mayor deslizamiento del mundo, al desplomarse en el mar media montaña de unos 2.000 m de altura.

En la vertiente sur, los miradores de Las Playas, entre San Andrés y El Pinar, y el de Isora, en el pueblecito del mismo nombre, permiten al visitante, aprendiz de pájaro, contemplar la segunda concavidad de la isla, fruto, presumiblemente, de un segundo deslizamiento, aunque de menor entidad.

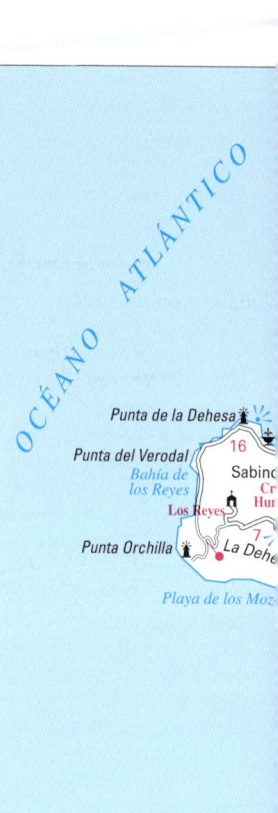

EL HIERRO

Punta Norte

Pozo de las Calcosas

Punta del Guanche
Roca de las Gaviotas

Echedo
Mocanal · Tamaduste

Roques y Punta de Salmor

Erese
Guarazoca
Cantadal
Los Mocanes

S. Pedro
Valverde

Playa de Tamaduste
La Caleta
Roque del Palo

Golfo

Virgen de
la Peña

Tiñor

Puerto de la Estaca

S. Andrés

El

Las Rosas · Punta de Tijimiraque

Salud
Los Llanillos

Los Llanos

Tenerife

HI 50
Frontera
Tigaday

Puntas Bermejas

1501
Malpaso ▲
HI 1

Isora

Roque y Punta de la Bonanza

HI 45

El Pinar

El Julán
Taibique

Las Casas

Las Playas

Playa de los Cardones
Punta de Miguel

Cala de Linés
Cala de Tacorón

Cueva del
Gaterón

Playa del Cantandal

Punta de El Lajial

Playa de la Herradura

La Restinga
Punta Restinga

OCÉANO ATLÁNTICO

ISLAS CANARIAS

OCÉANO

ISLA DE
LANZAROTE

ISLA DE
LA PALMA

ISLA DE
TENERIFE

ATLÁNTICO

ISLA DE
GRAN CANARIA

ISLA DE
EL HIERRO

ISLA DE
LA GOMERA

ISLA DE
FUERTEVENTURA

▮ Excursiones por la isla de El Hierro

Los herreños vienen debatiendo profusamente el perfil turístico que quieren para su isla. Son debates controvertidos, pues mientras unos vislumbran los desmanes medioambientales, el crecimiento incontrolado con pérdida del carácter, la alteración de la naturaleza y las costumbres, hay quienes no olvidan las seculares penurias económicas que han mortificado secularmente la isla, produciendo masivas emigraciones a América y otras islas del archipiélago.

Tiene fama El Hierro de ser el último paraíso virgen del planeta y, aunque la expresión puede pecar de exagerada, nada más poner un pie en tierra firme

▼ Vista del valle del Golfo.

resulta fácil entender el porqué. Aquí el turismo de masas que acecha a sus compañeras canarias no existe. Apenas hay playas de arena dorada donde alzar *resorts* de lujo, el horizonte se llena de arrecifes, acantilados, increíbles fondos marinos, naturaleza. La isla, de origen volcánico, es pura sorpresa, y La Frontera, uno de sus municipios, uno de los mejores puntos de partida para recorrerla.

Declarada Reserva de la Biosfera y Geoparque por la Unesco, El Hierro es además una isla sostenible pues utiliza energías 100% renovables.

Lo mejor pues es alquilar un automóvil, si es que no lo hemos traído en el *ferry*, y pasear sosegadamente por su peculiar paisaje, alegrado con vetustos caseríos, pastores y rebaños de ovejas y cabras, plantaciones de ananás, antiguas bodegas artesanales, viñedos y bosques, al tiempo que se conocen gentes sencillas y hospitalarias.

■ Planificación
de la visita

Se proponen a continuación cuatro excursiones para visitar la isla de El Hierro: **De Valverde a Sabinosa,** pasando por San Andrés y La Frontera; **De San Andrés a la punta de Orchilla,** en el extremo occidental de la isla; una visita a **La Restinga,** importante puerto pesquero; y, finalmente, una excursión para conocer **Tamaduste.**

Las estrellas que acompañan a los lugares de interés hacen referencia, respectivamente, a su importancia (**✳**) o especial interés (**✳✳**).

■ De Valverde a Sabinosa

Una de las más recomendables excursiones, saliendo de Valverde, es la que nos ofrece el itinerario que cubre San Andrés, La Frontera y Sabinosa.

▮ VALVERDE   ✳

Valverde es la capital insular y su término municipal tiene algo más de 100 km². El verdor mantenido gracias a la humedad de los alisios es el origen de su nombre. La ciudad está enclavada en una semicaldera volcánica, rodeada de una especie de muralla natural que forman los bordes del cono volcánico. En este municipio se encuentra el aeropuerto de Los Cangrejos, una de las vías por las que se llega a la isla. También se puede llegar por vía marítima desembarcando en el Puerto de la Estaca. Es este el único caso en el archipiélago donde la capital se asienta algo distante de su zona

portuaria. El **Puerto de la Estaca,** nombre que le viene por los estacones que sirvieron de amarre a los barcos, se sitúa al abrigo de unos acantilados volcánicos cercano a un caserío de pescadores. Subiendo por esos acantilados, a media montaña se emplaza la pequeña capital de **Valverde,** en situación privilegiada, pues, aparte de ser una zona fértil, se convierte en magnífico mirador al mar.

Se trata de una bonita villa de unos 5.000 habitantes. Su primera construcción de culto religioso fue la **cueva de la Pólvora,** a un kilómetro del centro. Posee un par de agradables plazas, la del Ayuntamiento y la de la Iglesia, y sus calles principales, como la del Teatro, son bastante empinadas.

La **iglesia de la Concepción** destaca por sus grandes proporciones. Hay quienes aseguran que se construyó con la idea de albergar, en un momento circunstancial, a toda la población de la isla. Su fisonomía se caracteriza por una mezcla de muros y contrafuertes muy original, con una torre con verja alrededor del campanario a modo de privilegiado mirador. La construcción, que data de mediados del siglo XVIII, fue levantada en el mismo lugar donde

Patronato de Turismo del Cabildo de El Hierro
Dr. Quintero, 4. Valverde.
922 550 326 / 922 550 302.
https://elhierro.travel
De lunes a sábado de 9 h a 17 h.

▼ Vista de Valverde, con la iglesia de la Concepción en primer término.

▶ Espléndidas vistas desde
el mirador de la Peña.

**Centro Etnográfico Casa
de las Quinteras**
✉ Armas Martel, s/n. Valverde.
☎ 922 552 026.
🕐 De lunes a sábado de
10 h a 18 h.
🌐 https://elhierro.travel
📖 Museo etnográfico
en una preciosa casa
tradicional herreña de
piedra lávica con cuatro
salas con muestras de
herrería, artesanía textil,
en madera y barro. Cuenta
con los fondos de las
colecciones etnográficas
del Cabildo de El Hierro.
Tiene, además, uno de
los principales puntos de
venta de artesanía de la
isla, con espléndidas piezas
de los mejores artesanos
herreños.

se edificó la antigua, demolida por su estado ruino-
so. Es un templo de tres naves con contrafuertes
exteriores y con dos puertas en la fachada. Posee
una torre muy original. En su interior se conserva
un retablo policromado de estilo barroco, en su al-
tar mayor. La imagen policromada de la *Purísima
Concepción* está catalogada como una joya de la
imaginería religiosa en el diccionario sacro vaticano.
La talla de la *Dolorosa* es de la escuela canaria y el
Cristo de las Columnas es obra de los maestros ge-
noveses del siglo XVIII. La pequeña y expresiva talla
del *Señor de los Grillos,* de la escuela popular herreña, goza en El Hierro de una gran veneración. En
cuanto a la orfebrería, destacan un gran lamparón
de plata, y dos lámparas de araña, también de plata.

Una casa tradicional herreña acoge el **Centro Etnográfico Casa de las Quinteras.** Fuera del casco
urbano está el **santuario de Santiago,** donde se
venera a la *Virgen de los Afligidos* y que sirvió de
cementerio hasta la construcción del actual campo-
santo. Es una edificación modesta de una sola nave.

▍ ALREDEDORES DE VALVERDE
Próximos a la villa encontraremos caseríos muy pintorescos que en conjunto se denominan **El Barrio:
Guarazoca, Echedo,** cercano al mar y de cele-
brados vinos, y **Mocanal,** con bonito templo dedicado a San Pedro, enclavado en la fértil zona norte

de la isla y rodeado de pastos y campos de cultivo. Desde esta población se puede descender hacia el litoral, hasta la bahía de las Calcosas, para visitar el **Pozo de las Calcosas.** Se trata de un antiguo caserío que ha conservado íntegra su personalidad, con los muros de piedra y tejados de paja que caracterizan la arquitectura autóctona de la isla, todo ello muy bien restaurado. Casi deshabitadas durante buena parte del año, la mayoría de las casas son hoy utilizadas como segundas residencias. Frente a las casas se extiende una *playa* de arena negruzca con dos tentadoras *piscinas naturales* de gran tamaño.

A la salida de El Mocanal y pasado Guarazoca, se asciende hasta el **mirador de la Peña.** Elevado a 760 m, ofrece unas espléndidas vistas hacia la zona de *El Golfo* desde los puntos acondicionados por el artista lanzaroteño César Manrique. Es una de sus últimas obras, inaugurada en 1989. A la derecha quedan los *roques de Salmor,* una de las estampas más promocionadas de El Hierro. Un restaurante completa la oferta del lugar. Siguiendo la misma carretera se llega al **mirador de Jinama** (1.240 m), casi en el centro de la cresta volcánica que delimita El Golfo.

Una sinuosa carretera desciende desde Valverde hasta el principal puerto de El Hierro, **Puerto de la Estaca,** al que llegan los barcos que conectan con el resto de islas del archipiélago. Algunas pocas construcciones de aire marinero recuerdan un pasado

▲ Bahía de Las Playas.

mucho más ligado a la pesca, pero en la actualidad el transporte de viajeros monopoliza buena parte de las infraestructuras portuarias. Aun así, unos cuantos barcos faenadores tienen aquí su base.

Desde el puerto, la carretera que bordea el litoral hacia el sur va uniendo atractivas *playas* como la de *Tijeretas* o la de la bahía de *Timijiraque,* muy frecuentada por los habitantes de Valverde y muy apreciada por los surfistas. En esta zona se extiende el *Paisaje Protegido de Timijiraque,* cerca de 384 ha orientadas a sotavento y estructuradas a partir de tres barrancos que organizan una red de drenaje. Su singularidad reside en los tremendos *acantilados,* que caen desde los 830 m de altura como cota máxima hasta el nivel del mar en una escasa distancia. Entre el agreste paisaje sobreviven restos de cardonales desaparecidos en otras zonas, así como algunas rarezas vegetales como la lengua de pájaro (*Polycarpaea smithii*).

La misma carretera prosigue a lo largo de 15 km hasta la *bahía de Las Playas*. Este entorno natural presenta una estructura muy similar a la de El Golfo, en el norte de la isla, puesto que se trata también de enormes acantilados en forma semicircular, aunque sus dimensiones son mucho menores. La mayor parte está protegida bajo la figura de **Monumento Natural de Las Playas**. Alberga unas estructuras escarpadas de gran impacto paisajístico, además de una notable diversidad florística, donde no faltan especies endémicas amenazadas como la margarita (*Argyranthemum sventenii*) y el tajinaste (*Echium hierrense*). Aquí se halla el famoso *roque de la Bo-*

nanza, singular bloque de piedra junto a la costa al que la erosión marina se ha encargado de otorgarle una fotogénica y emblemática estampa. En la zona se suceden varias *playas: de las Almorranas, del Abra, de la Arena, de los Cardones, de las Calcosas,* formando casi un continuo; son de arena negra y muy estrechas. El buceo tiene, como en otros enclaves del litoral herreño, un auténtico paraíso en estas tranquilas aguas. Prácticamente al final de la carretera se levanta el **Parador de Turismo de El Hierro,** en medio de un paraje realmente inhóspito, sobre una playa de piedras negras. Un lugar perfecto para quien busque la tranquilidad más absoluta.

Hacia el sur de Valverde está **Tiñor,** encajado en una ladera de la montaña de Ventejís. El *Paisaje Protegido de Ventejís* abarca cerca de 1.150 ha que combinan los espacios naturales con un paisaje fuertemente humanizado, en que se han desarrollado la ganadería y la agricultura. La zona aporta importantes valores paisajísticos y culturales, con los típicos muros de piedra seca tan característicos de El Hierro, notables comunidades de fayal-brezal o diversos conos volcánicos aislados. También incluye el mítico lugar del *árbol Garoé,* testimonio histórico de la potencialidad como receptor de la humedad del alisio en la zona.

▲ El árbol santo o Garoé.

Un árbol sagrado

Los conquistadores, obsesionados en la búsqueda del líquido elemento, que tanto escaseaba en la isla, no entendían cómo los despreocupados nativos siempre disponían de agua. Cuenta la leyenda que la hija del rey bimbache se sentía atraída por aquellos extraños soldados de metálicas vestimentas que hacía poco venían adueñándose de la isla. Uno de ellos, joven y apuesto, consiguió cautivar a la joven princesa, quien se avino a revelarle el secreto celosamente guardado por su pueblo: "El agua la conseguimos del Garoé, el árbol sagrado", le confesó, y le condujo hasta su recóndito emplazamiento. Pocos días después, los conquistadores españoles rodeaban el extraño árbol poniéndolo a su servicio, al tiempo que la enamorada muchacha era ejecutada por sus gentes.

El árbol santo, un ejemplar desaparecido de la flora isleña, posiblemente un tilo *(Ocotea foetens),* condensaba de forma extraordinaria las humedades de las nubes que subían por un pequeño valle, situado no muy lejos de Valverde, y destilaba de sus hojas agua en cantidades casi increíbles, de lo que dan prueba varias charcas y los depósitos que durante siglos existieron en sus alrededores (hoy solo se conservan dos estanques de piedra monumental, en el lugar conocido como Los Lomos). El viejo y majestuoso Garoé dejó de vivir y de suministrar el precioso líquido en el 1610, año en que fue derribado por un huracán.

DE VALVERDE A SABINOSA

▌SAN ANDRÉS

Se puede llegar directamente desde la capital en dirección suroeste hasta **San Andrés,** pasando, previo desvío, por los caseríos de La Cuesta, Los Llanos, La Laja, La Torre e Isora.

Todos estos poblados han cobrado fama por la confección de tejidos de lana que tiñen con materias vegetales y con la cochinilla, cuyo más característico exponente se encuentra en la manta campesina. Esta curiosa prenda, doblada de cierta forma, sirve de capa a pastores y agricultores. También aquí el goloso gastrónomo podrá degustar unas elaboraciones de repostería muy antiguas y típicas, las quesadillas, hechas con requesón, harina y azúcar. Pero en San Andrés hay también buen vino y afamados quesos, así que el pertrecho de golosinas para endulzar el camino está garantizado.

Su **iglesia,** situada en una gran plaza, fue construida en 1714 y posee una característica muy extendida por todas las islas: una rústica escalera exterior de piedra que facilita el acceso hasta el campanario a fin de que los vecinos puedan subir a él y tocar a rebato ante cualquier peligro. Su interior ofrece solo algunas humildes imágenes y retablos de claro origen popular.

En la carretera que se dirige hacia La Restinga, se llega al **mirador de Las Playas,** sobre el risco de los Herreños, que ofrece una formidable panorámica sobre los acantilados del *Monumento Natural de Las Playas.*

También se obtiene una perfecta panorámica de esta zona desde el **mirador de Isora** o **de Bermeja,** al que se llega a través de una carretera que sale desde San Andrés. Esta ruta atraviesa primero varios caseríos de un blanco inmaculado, llega luego a la población de **Isora** y finaliza en el mirador.

I LA FRONTERA

Su término municipal ocupa el triángulo que hay entre la punta de Salmor, la bahía de Los Reyes, con el faro de Orchila, y La Restinga por el sur. La Dehesa ocupa toda la franja occidental y El Júlan y El Lajial cubren la zona sur. La actividad económica más importante era hasta hace unos años el pastoreo, pero el cultivo intensivo de frutas tropicales y la progresión de las capturas pesqueras han dado

◼ Centro de Interpretación de la Reserva de la Biosfera
✉ Antiguo Casino. Ferinto, 32. Isora.
🌐 https://elhierro.travel
🕐 De martes a domingo de 10 h a 18 h.

◀ Torre del campanil de la iglesia de la Candelaria.

► Las Playas.

lugar a cierta revitalización económica. Frontera, la capital, Sabinosa y La Restinga son sus localidades más importantes.

En la villa de **Frontera** destaca su **parroquia** dedicada a **Nuestra Señora de Candelaria,** construida en 1615, aunque sufrió una reedificación en 1929. Está situada en el pie de un monte pequeño de arena rojiza. En la cima del monte, separada del edificio eclesial, está la pequeña torre del **campanil.** Es una construcción sencilla de tres plantas con volúmenes distintos, en pirámide y de mayor a menor. En la última planta está la campana que, aunque pequeña, se oye en toda la vega. En el interior del amplio templo, aunque de una sola nave, se encuentra una *Dolorosa* de la escuela canaria, una imagen de *San Juan Bautista* encontrada en la rada de El Golfo y una talla de *San Blas* de la escuela popular herreña. En la orfebrería sagrada destaca una custodia de plata con incrustaciones de oro procedente de América, donada a la iglesia por las comunidades fronterinas que habían emigrado a finales del siglo xix.

Aquí el cultivo de la vid y la vinificación cobran vital importancia; pero los antiguos lagares para su elaboración ya han dado paso a una industria moderna con brillantísimos resultados en catas-concursos internacionales. ¡No dejen de probar sus blancos! Otras de sus golosinas, que también han dado fama a la isla, son los higos pasados, de aroma y dulzura difícilmente superables; así como la miel, las piñas y los quesos, recios y sabrosos, que vemos secarse a las puertas de las casas y se terminan con el justo humo.

La gente por aquí se nos presenta amable, genuina, sencilla, que no se deja intoxicar por el turismo. Gente sufrida, aferrada a su tierra y costumbres, de sorprendente hidalguía. Su lenguaje conserva con gran riqueza el castellano antiguo.

I ALREDEDORES DE FRONTERA

El entramado urbano de Frontera conserva las características de un caserío típico de la isla, con la peculiaridad de que en las últimas décadas se ha producido una especie de continuidad urbana

▲ El Charco Azul.

entre Frontera, **Tigaday** y **Los Llanillos,** este último un caserío de pequeñas y atractivas casas
típicas. El conjunto se asienta en la zona conocida
como *El Golfo,* un impresionante anfiteatro natural
volcánico que ocupa prácticamente todo el sector
noroccidental de la isla. La costa esconde enclaves
de gran belleza, alternando pequeñas bahías y puntas. Destaca el *Charco Azul,* una tentadora piscina
natural con un área de recreo a su alrededor.

Buenas perspectivas de El Golfo se obtienen
desde los **miradores de Jinama, La Peña** o **Los
Bascos.** Las paredes de esta zona litoral conservan
amplias muestras de monteverde, laurisilva y fayal-
brezal, y algunos endemismos botánicos y faunís-
ticos. En los riscos de *Tibataje* se encuentran los
escasos supervivientes del amenazado lagarto de El
Hierro, el *Gallotia simonyi,* una especie prehistórica.
Es un espacio enclavado dentro del paraje natural
de La Gorreta y Salmor. Los *roques* de *Salmor* y
los de *La Sal,* en el otro extremo de El Golfo, son
espacios de gran valor ornitológico.

Lagartos, lagartos...

La Isla de la Media Luna, como también se la conoce, debe parte de su celebridad a una especie de lagartos que en pequeñísima colonia aún viven, de forma milagrosa, en muy concretos parajes. Se trata del *Gallotia simonyi simonyi*, un gigantesco reptil que alcanza hasta un metro de largo, ya desaparecido en el resto del planeta. Y para ser más rigurosos, debemos puntualizar que no se trata de una especie, sino de dos. Lo que ocurre es que una de ellas, la que habitaba en los roques de Salmor, aún mayor y además anfibia, pues se lanzaba al mar en sus huidas ante los depredadores, desapareció a finales de la década de 1940.

Por si no fueran suficientes las dificultades, conocida la existencia de estos ejemplares, expertos de museos y coleccionistas de varios países se vinieron a la isla y acabaron prácticamente con la especie. Se comentaba, incluso, que un inglés colocó numerosos cebos envenenados que acabaron con todos ellos.

Con el pastoreo de cabras, que fue destruyendo su hábitat, y la persecución masiva a manos de los agricultores, convencidos de sus perjuicios para el agro, los poquitos y asustadizos que quedaron en la isla fueron retrayéndose hacia la concavidad de El Golfo.

Años después, don Luis Feble, vecino de El Golfo, descubrió felizmente unos pocos en la Fuga de la Gorreta, una escarpada pared de El Golfo y de nuevo una avalancha de naturalistas internacionales llegó a la isla para capturarlos. Menos mal que las autoridades insulares, ya avisadas y conscientes del irreparable mal, lo impidieron, penando la actividad. Existen otros lagartos gigantes en el mundo, incluso mayores, pero la característica principal de los herreños es su remota antigüedad, que los convierte en un importante eslabón para el estudio de la historia natural.

A la salida de Frontera se encuentra el **Ecomuseo de Guinea**, que reúne varias casas de la época de los primeros conquistadores, así como restos de la época aborigen. Los elementos prehistóricos se concentran en los tubos volcánicos que servían de hábitat a los antiguos pobladores. También en este emplazamiento, pero como una visita independiente, se puede recorrer el **Tubo Volcánico**

Ecomuseo de Guinea (Lagartario)
- Ctra. Gral. de Las Puntas, s/n. La Frontera.
- 922 555 056.
- https://elhierro.travel
- Todos los días de 10 h a 18 h.

de Guinea, en el que conocerán más sobre la geología de El Hierro. Las visitas a esta cueva son siempre guiadas, en el mismo horario de la ruta del Ecomuseo, y las entradas se adquieren en la misma taquilla. Dentro del Ecomuseo, el **Centro de Recuperación del Lagarto Gigante de El Hierro** es una instalación dedicada a la cría en cautividad de este amenazado reptil.

En el litoral hay que acercarse hasta **Las Puntas,** pequeño caserío en cuyo embarcadero de Punta Grande, que data del siglo XIX, y sobre una roca erosionada por la fuerza del mar, resiste un singular edificio: la antigua **Aduana,** convertida en hotel, el más pequeño del mundo según los récords Guiness. En días de temporal es frecuente que quede aislado, lo cual no hace sino añadir más magia al lugar.

◀ Playa de El Verodal.

I SABINOSA

Sabinosa es la segunda población más importante del municipio de La Frontera. Su topónimo deriva del bosque de sabinas que antaño ocupaba una buena porción de toda la zona, y que en la actualidad ha quedado reducido a una área concreta. La belleza de este blanco pueblo se conjuga de forma idílica con el color oscuro de sus volcanes y el verde tapiz del viñedo. Su **iglesia,** construida con lava volcánica, está dedicada al culto **de Nuestra Señora de la Consolación.** Aquí también podremos apreciar esa escalera exterior tan característica de los templos isleños.

La población está compuesta, en realidad, por varios caseríos: **Rosa Cabrera, El Lugar, El Descansadero** y **La Cabezada,** todos ellos enclavados sobre una ladera que se orienta hacia el mar y separados por pequeños barrancos.

Constituyen interesantes muestras de la arquitectura isleña más característica, con casas sencillas realizadas con paredes de piedra seca y techo exterior de teja, perfectamente adaptadas a un relieve que obliga a que las calles sean estrechas y con fuertes pendientes, y con unos interiores donde la madera cobra un especial protagonismo.

Sabinosa es célebre también por sus aguas sulfurosas de extraordinarios efectos medicinales. Junto al litoral se encuentra el encantador **balneario del Pozo de la Salud.**

Bordeando esta costa se llega hasta el sector más occidental de la isla, donde entre roquedos y pequeños islotes y a los pies de unos espectaculares acantilados, se extiende la idílica *playa de El Verodal.*

▼ Hotel-balneario Pozo de la Salud.

De San Andrés a punta de Orchilla

LA DEHESA

Desde San Andrés tomaremos el desvío que nos llevará a *El Pinar,* impresionante masa boscosa de pino canario con ejemplares que sobrepasan los 100 años, en cuyo borde se nos presentan no menos impresionantes higueras.

Después de pasar por la Cruz de los Reyes y la montaña de Mercadel, donde se hallan importantes yacimientos guanches, como el de **cueva Guetón**, llegaremos a *La Dehesa,* tierra de míticos pastores y artesanales quesos. Se trata de terrenos comunales con una larga tradición ganadera que aún pervive. Todas las vertientes de La Dehesa y una zona del Julán, hasta Taibique, integran el *Parque Rural de Frontera*, con malpaíses como el Lajial, zonas de

▶ Faro de Orchilla.

Orchilla: meridiano cero

Punta de Orchilla, en el extremo occidental de la isla, debe su notoriedad a convertirse en 1634 en el punto de referencia del meridiano cero, gracias a la iniciativa de los cartógrafos franceses de la época de Luis XIII. Posteriormente, los británicos sustituyeron el punto por el de Greenwich, localidad situada al este de Londres.

Orchilla era el punto más extremo de la Tierra conocido en la antigüedad. Desde aquí los navegantes consideraban el océano Atlántico como el Mar de las Tinieblas. Hoy queda en la zona, a modo de monumento, un faro de grandes proporciones, construido en piedra de cantería, y una tabaiba gigante, posiblemente la mayor en extensión, no en altura, de todo el archipiélago. Esta *euphorbia*, abundantísima en la zona de Orchilla y muy propia del paisaje canario y norteafricano, posee un látex blanco que sale por los poros de sus ramas simplemente con doblarlas, que luego, por evaporación, se convierte en goma. Los aborígenes lo utilizaban para cauterizar en sus trabajos artesanales, y los niños, en épocas más recientes, como un sustituto de la goma de mascar norteamericana.

vegetación endémica como El Sabinar, la sorprendente Reserva Natural Integral de Mancáfete y un bosque de pino canario como El Pinar, uno de los más completos del archipiélago.

La **Reserva Natural Integral de Mancáfete** alberga una de las mejores muestras de sabinar húmedo del archipiélago y de monteverde herreño. Su orientación en la vertiente norte determina que aquí se encuentre una de las mayores concentraciones de este árbol de todo El Hierro, además de diversas especies amenazadas de flora y fauna. En este espacio se halla la única fuente natural de la isla que mantiene agua durante todo el año.

EL JULÁN

Recomendable es, asimismo, acercarse hasta **El Julán,** un paraje desértico donde se hallan los **petroglifos** más importantes de la isla, más conocidos por **Los Letreros** y **Los Números,** tal y como habían bautizado los pastores herreños al lugar en el que se encontraban. Se trata de una serie de rocas con grabados esculpidos por los bimbaches, indígenas herreños, con características geométricas, en los

• • • • • • • •
Parque Cultural de El Julán
✉ Carretera General
de El Julan, s/n.
☎ 922 558 423.
💻 https://elhierro.travel
🕐 Todos los días de 8 h a 16 h.
📖 Cuenta con un centro de interpretación desde donde se realiza una ruta guiada por la zona arqueológica (previa reserva).

▼ Sabinas centenarias inclinadas por el viento.

que se diferencian claramente los círculos aislados, partidos por uno o más diámetros, y con trazos sinuosos y dibujos parecidos a las herraduras.

El **tagoror de El Júlan** es un recinto circular, con entrada hacia el sur, de un diámetro de casi 9 m, y con una serie de asientos alrededor construidos con piedra. En su cara norte hay una torreta de medio metro, formada por piedras talladas y superpuestas en forma de asiento preferente. El tagoror era el lugar que los indígenas canarios destinaban a sus reuniones, tanto para la distribución de las tareas, alimentos y ganado, como para impartir justicia y preparar la resistencia contra los abordajes de piratas y corsarios.

SANTUARIO DE LA VIRGEN DE LOS REYES

Siguiendo la ruta que nos lleva por El Tomillar, arribaremos al **santuario de la Virgen de los Reyes,** patrona de la isla, situado en un valle formado por varios conos volcánicos.

Este templo, de modesta construcción, posee un sencillo cerramiento de muros blancos en cuyo centro se ubica una capilla. Dentro ya, encontraremos una humilde hornacina acristalada en la que se guarda la venerada imagen de la Virgen, enmarcada en un delicioso retablo de arte popular del siglo XVII que representa a los tres Reyes Magos. A su derecha, unas sobrias construcciones dedicadas a dar cobijo a los peregrinos.

EL SABINAR

Desde el santuario, y pasando por una pista forestal, a través de la Hoya del Jorralito, accedemos a *El Sabinar,* lugar que toma su nombre del cercano monte de sabinas centenarias, singulares ejemplares de retorcida figura, algunas de ellas arrastrando sus troncos por la tierra debido a los fuertes vientos que reinan en la zona. Su estampa constituye una de las imágenes más reconocidas de El Hierro.

ORCHILLA

Volviendo al santuario, podremos acceder a otra carretera que nos llevará al extremo occidental de la isla de El Hierro, a *punta Orchilla,* pasando previamente por unos terrenos donde abundan las tabaibas, algunas de ellas catalogadas como gigantes.

Finalmente, y como si de un monumento se tratara, divisaremos el viejo **faro,** la construcción más occidental de España y punto de referencia 0 de la cartografía y la geografía mundial hasta que Greenwich le arrebató esta condición.

▼ Petroglifos de El Julán.

Excursión a La Restinga

Otra excursión agradable es la que nos lleva a La Restinga, importante puerto pesquero. Saldremos desde Valverde para alcanzar San Andrés. Después, siguiendo la carretera general, giraremos a la derecha, por si queremos contemplar las vistas que nos ofrece el **mirador de Jinama.**

Volvemos a la carretera general y seguimos adelante, adentrándonos por un bello bosque. En el primer desvío, a la izquierda, atravesaremos un monte de laurisilva, en una carretera descendente que pasa por el bosque Pino Canario, hasta encontrarnos con la carretera general de San Andrés a La Restinga. Girando a la izquierda, y retrocediendo hacia San Andrés, accederemos por la derecha a una pequeña desviación que nos conducirá al **mirador de Las Playas.** Aquí se nos ofrecen unas magníficas vistas de las playas, el Parador de Turismo y los acantilados de Bonanza y su curioso roque.

Al salir retomaremos la carretera general para dirigirnos a los poblados de **Las Casas** y **Taibique,** conjunto denominado **El Pinar,** que podremos apreciar desde otra atalaya no menos importante, el **mirador de Tanajara,** a 830 m de altitud. Desde este punto merece la pena hacer una visita al **Centro de Interpretación del Geoparque.**

Después, tras cruzar el barrio de Taibique, de antigua tradición textil, el recorrido discurrirá en dirección a **La Restinga,** pasando cerca de algunos puntos de interés, como *El Lajial,* un mar de lava cordada con abundancia de tubos volcánicos, cuyo principal exponente es la *cueva de Don Justo,* con una longitud que supera los 6 km.

La excursión es larga pero entretenida. Al final podremos gozar de un típico pueblito de pescadores, de abundantes capturas, lamentablemente estropeado por la construcción de algún antiestético bloque de apartamentos. El puerto, muy abrigado, es la base principal de las actividades pesqueras de El Hierro. Sus restaurantes así lo atestiguan y han ayudado a que el turismo haya irrumpido allí de forma moderada.

En La Restinga podremos bañarnos en sus templadas aguas, practicar el windsurf o el buceo, en unas aguas que están protegidas como Reserva Marina. El litoral de esta zona esconde numerosas playas, entre las que destaca la *cala de Tacorón,* de aguas limpias y al abrigo de las inclemencias meteorológicas.

....

Centro de Interpretación del Geoparque

✉ Ctra. HI 4, km 8.

🌐 https://elhierro.travel

🕐 De martes a domingo de 10 h a 18 h.

ℹ Consta de dos edificios y un sendero interpretativo que discurre entre los dos pasando por una zona volcánica. El primero está dedicado al vulcanismo que ha conformado la Isla de El Hierro. En el segundo edificio, un audiovisual reproduce la erupción en La Restinga.

▶ El Lajial, La Restinga.

Buceo

La isla de El Hierro posee uno de los mejores fondos marinos de Europa. Un lugar ideal para la práctica del buceo por su escasa plataforma insular, lo que permite alcanzar profundidades de unos 300 m a pocas millas de la costa y por la temperatura del agua que oscila entre los 18 y 25 ºC todo el año.

Los mejores fondos marinos de la isla se encuentran en la Reserva Marina del Mar de las Calmas, cristalinas aguas con magníficos paisajes submarinos. Todos los años se celebra en La Restinga el Open Fotosub Isla de El Hierro (https://fotosubelhierro.es), uno de las competiciones internacionales de fotografía submarina más importantes de Europa.

Tras la erupción volcánica que comenzó el 10 de octubre de 2011 frente a sus costas, en un cono volcánico submarino a 88 m de profundidad, su fondo se ha vuelto mucho más interesante y rico si cabe.

La densa vegetación que cubre los fondos rocosos hace de la isla el refugio ideal para gran variedad de especies como el gallo azul, el pez

globo o la morena, así como atunes, meros, tamboriles, viejas, barracudas, chuchos… En distintas épocas se avistan también mantas, tiburones, ballenas, delfines, tortugas… Existen zonas de inmersión para todos los niveles distribuidas por la isla. Estas son solo algunas de ellas. Baja Bocarones: matas de coral negro, pejeverdes, sargos, jureles… Barco Chino: pequeños invertebrados en cuevas, langostas y tamboriles. El Río: morenas y sargos. El Veril: abundante coral en la zona más profunda. Punta Miradero: jureles, meros, abades… Roque Lamar: coral negro de grandes ramas.

De octubre de 2011 a marzo de 2012 La Restinga alcanzó notoriedad mundial, cuando un volcán submarino frente a su costa comenzó a expulsar material magmático. Se trataba de la primera erupción volcánica en España desde 1971 y obligó a evacuar a la población durante varios meses. En el **Museo de la Restingolita** se explica este fenómeno y se muestra el material que llegó a la superficie del mar.

Si aún hay tiempo para proseguir con la excursión, es interesante acercarse hasta **La Hoya del Morcillo,** situada a un par de kilómetros del barrio de Las Casas.

....
Museo de la Restingolita
✉ La Restinga.
☎ 922 557 137.
🕑 De miércoles a viernes de 10.05 h a 16.25 h. Sábado y domingo de 10.15 h a 13.35 h y de 15 h a 18 h.
ℹ Muestra el material que llegó a la superficie del mar y que recibe el nombre del pueblo: la Restingolita.

Esta zona está acondicionada de forma admirable para hacer pícnics (parrillas, hornos, bancos, leña, servicios, parque infantil, agua... y hasta un campo de fútbol), sin olvidar que su bosque atesora gigantescos ejemplares de pino canario. Algunos de ellos, como el **Pino Grande,** requieren varias personas para abarcar su tronco.

Excursión a Tamaduste

Otro paseo agradable, además con el aliciente de un baño en el mar, es la visita a **Tamaduste.** Saldremos de Valverde por la carretera que lleva al Puerto de la Estaca y luego derivamos hacia la izquierda, en dirección a la costa.

Tamaduste es un pequeño valle rematado por la montaña del Tesoro, con amplia cala en su desembocadura, en el que se forma una amplia piscina natural.

En los alrededores se han venido construyendo una serie de edificaciones y chalecitos para las vacaciones y los fines de semana de los vecinos de Valverde. El baño, la pesca y otros deportes náuticos son las actividades mas apetecibles para realizar en este bello lugar.

Sobre esa piscina natural se levanta el **roque de las Campanas,** que tiene en su base una gruta de considerable tamaño.

▼ Cala de Tacorón (arriba) y Tamaduste (abajo).

Dónde...

GASTRONOMÍA

Si la influencia del medio ha sido determinante en la historia de la alimentación de los pueblos, esta circunstancia se deja sentir con más fuerza cuando coincide con un cierto nivel de aislamiento, que en el caso de las Islas Canarias es considerable por su distancia de África y Europa. El suelo, la orografía e incluso la climatología de las islas tampoco son homogéneos y como cada una tendió a autoabastecerse, ya que las comunicaciones entre ellas no eran fáciles, surgió una variada gastronomía que conserva matices diferenciales.

LA GOMERA

En La Gomera cabe destacar los berros, pequeña variedad que surge espontáneamente en los numerosos manantiales y pequeños arroyos que luego se agrupan en barrancos. De ahí que también se la denomine la «isla de los barrancos».

Son asimismo muy renombrados sus *baifos,* de los que se cocinan buenas fritadas y asados, casi siempre sometidos –un día antes– a un *embarrado* (adobo) hecho con aceite de oliva, vinagre, pimentón dulce, ajos, orégano y tomillo. Se acompaña con las buenas papas locales que, a su vez, se suelen aderezar con *almogrote,* salsa o paté, de origen antiquísimo –el almodrote–, elaborado con queso duro, algo picante, ajos, aceite y tomates maduros, todo machacado con paciencia en unos curiosos morteros de madera que aún se fabrican artesanalmente en el caserío de El Cedro y que también sirven como recipiente para comer el mentado paté.

▍Quesos

A La Gomera se le dan muy bien los quesos, que aún se elaboran artesanalmente. En esta isla la operación del ahumado se realiza con leña de brezo y de una planta autóctona llamada tabaiba, una variedad de las *Euphorbias.* Se hacen partiendo de mezclas de cabra y oveja, obteniéndose ejemplares de una masa amarillenta y bien prensada. Se consumen tradicionalmente curados y ofrecen un sabor algo recio, ligeramente picante, al tiempo que se detectan agradables aromas de humo.

▍Pescados y caza

Haciendo referencia al pescado, la costa ofrece un panorama de abundancia, tanto de las especies de roca como, en temporada, de los diversos pescados azules. Con el estómago del atún en salazón se elabora en esta isla un plato incunable, el *buche gomero,* aún no perdido, afortunadamente.

La caza apunta a las aves y al conejo. El conejo en Canarias –que fue introducido por los conquistadores españoles– ha llegado a constituir plagas, de aquí que su cocina goce de gran predicamento, con el que se prepara un guiso casi emblemático: el *conejo en salmorejo,* fórmula que llegó de Aragón.

▍Vinos y licores

A lo largo de sus 378 km^2 de superficie, el viñedo gomero se distribuye en una orografía muy abrupta, en unos terrenos de locas pendientes que los agricultores sortean mediante bancales de paredes de piedra seca, creando una impresionante obra cargada de esfuerzo que ha dado lugar a uno de los más insólitos paisajes isleños.

No es esta la única peculiaridad de la viticultura gomera. La variedad más representativa es la *forastera gomera,* una variedad única según ha revelado un reciente estudio genético, y también la mejor valorada enológicamente por su intensidad aromática. La DO La Gomera cuenta con apenas 120 hectáreas de viñedo, 14 bodegas y poco más de 220 viticultores, así que gran parte de la producción vinícola –alrededor de 50.000 litros por cosecha– procede de la Bodega Insular de La Gomera, gestionada por el propio Cabildo. En los últimos tiempos, los vinos gomeros se han unido a otros productos autóctonos (gofio, queso, miel, mermelada, dulces...) bajo una mención de calidad (Alimentos de La Gomera) para que su promoción sea más rentable y efectiva.

El licor artesanal de la isla, el *gomerón,* goza de buen número de aficionados.

▍Miel de palma

Uno de sus más famosos conquistadores y colonizadores, el mal recordado Hernán Peraza, tuvo, por otra parte, la feliz iniciativa de traer de África gran cantidad de palmeras que, con los siglos, ha conferido a la isla una de sus principales características paisajísticas. De esas palmas el nativo ha aprovechado su savia, el guarapo –que saca del centro del penacho de hojas– consiguiendo, después de un lento proceso de cocción y reducción, una especie de sirope muy agradable, la miel de palma, que combina acertadamente con un tradicional postre isleño, la leche asada.

EL HIERRO

El Hierro también ofrece productos y elaboraciones prestigiadas. No es, como pueda pensarse, una isla rica en acuíferos, pero su «lluvia horizontal» –producto de la humedad que arrastran los vientos alisios– propicia una serie de productos agrícolas muy acreditados.

En primer lugar habría que hablar de los higos o, mejor, de sus higos pasados que, junto al *gofio* (harina de cereales previamente tostados, el «pan canario»), la miel y el queso, han constituido la base de la alimentación labriega. También secan los *tunos* (higos chumbos), pero desgraciadamente se ha venido perdiendo la dulce costumbre. Costumbre que un cierto día emigrantes isleños la enseñaron a los criollos mesoamericanos. Con ambos frutos pasados se elaboran ciertos dulces muy interesantes, práctica que ya solo se mantiene entre las más antiguas familias campesinas.

▌ La piña

Desde hace algunos años se cultivan en el valle de Frontera –curiosísimo microclima en el norte de la isla– diversas variedades de *ananás,* que en grandes cantidades y buenas calidades se distribuyen con éxito por todas las islas y la península.

▌ Quesos, quesadillas y chorizos

Los distintos climas que se dan en esta isla animan el cultivo de una ganadería heterogénea. Así, sus tan demandados quesos se elaboran partiendo de mezclas de leches crudas de vaca (frisona santanderina, muchas de las veces), cabra y oveja. Se suelen presentar con peso de 1 a 2 kilos, son de coagulación enzimática y pasta prensada. Se ahúman con leña de tabaiba y corteza de pino, lo que les confiere otra de sus características. El color de la pasta varía según las mezclas y presenta, en general, un sabor ligeramente ácido, pero suave y muy agradable.

Con su requesón realizan un pastel muy apreciado, de origen medieval: las *quesadillas,* que lleva, además, harina, huevos, ralladura de limón, matalahúva y canela molida. La corta producción artesanal –destinada en su totalidad al consumo local– ha dado pie en los últimos años a una próspera industria con exportación al resto de las islas.

Es la isla que aún elabora chorizos –de pasta blanda– totalmente artesanales. En algunas de sus localidades se someten a un ligero ahumado.

❚ Vinos

Este territorio, el más avanzado *finis terrae* de España, se siente más que orgulloso de atesorar una vieja tradición vitivinícola; quizá porque la filoxera pasó de largo y se conservan antiguas variedades que prosperan sin necesidad de injertos, y porque, a pesar de una larga depresión que va desde 1801 a 1980, El Hierro nunca dejó de producir vino. La isla consiguió en 1994 una Denominación de Origen. La tradición vinícola de El Hierro ha dado lugar a que subsista una amplia lista de varietales. La más

importante para la fabricación de tintos es la *listán negro,* seguida de la *baboso negro;* y para los blancos, la *verijadiego blanco,* que se combina con *listán blanco.*

Los vinos, en su mayoría jóvenes frescos, se comercializan en el ámbito regional, sobre todo en Gran Canaria, y, aún con un reducido tamaño, su difusión es irregular, debido al lastre que supone la llamada «doble insularidad». Los blancos son de color rojizo con tonos verdosos, dotados de finos aromas, con cuerpo y nervio; los rosados (de escasa producción) presentan un color rojo anaranjado y son frescos y afrutados, con nervio y consistencia; los tintos, de color rojo intenso, son potentes, con cuerpo y buen equilibrio.

Restaurantes

ISLA DE LA GOMERA

La Gomera cuenta con una amplia oferta de restaurantes y tascas donde sirven buena cocina. Desde internacional, de autor, marinera, árabe o malaya, hasta la deliciosa cocina tradicional, con platos fundamentales como el potaje de berros o el almogrote. Sin olvidar sus vinos blancos y la repostería.

Agulo

Zona rural con buenas carnes y productos de las huertas locales.

Roque Blanco

- ✉ Cruz de Tierno. Las Rosas.
- ☎ 922 800 483.
- 🕐 Cierra lunes.
- 🍽 Precio medio: 20-25 €.

Restaurante típico. Excelentes carnes a la brasa y cocina tradicional canaria. Platos variados, queso fresco, almogrote, etc. Recomendable la sopa de berros. Bonitas vistas.

Tasca La Vieja Escuela

- ✉ Poeta Trujillo Armas, 2.
- ☎ 922 146 004.
- 🌐 http://restaurante laviejaescuela.es/
- 🕐 Cierra domingo.
- 🍽 Precio medio: 25 €.

Tapas. Cocina tradicional: carne de cabra, carne de fiesta, conejo en salmorejo... De postre, leche asada.

Juego de Bolas

- ✉ Ctra. General de Juego de Bolas.
- ☎ 922 800 978.
- 🕐 Todos los días.
- 🍽 Precio medio: 20-25 €.

Asador. Junto a la entrada del Parque Nacional de Garajonay.

Alajeró

El Mesón de Clemente

- ✉ Las Cruces, 6. Alajeró (en el pueblo).
- ☎ 922 895 721.
- 🌐 www.elmeson declemente.com
- 🕐 Cierra miércoles.
- 🍽 Precio medio: 25 €.

Es famoso su cochinillo asado. Churrascos, chuletón de buey, cabrito, conejo, cordero y aves a la brasa. Solomillos en varias salsas.

Garajonay (Parque Nacional)

Laguna Grande

- ✉ En pleno parque.
- ☎ 922 695 083
- 🌐 www.laguna-grande.es
- 🕐 Todos los días, de 9 h a 17 h-18 h (verano).
- 🍽 Precio medio: 20-25 €.

Cocina canaria tradicional: carne a la brasa, potaje de berros y gofio; de postre, leche asada con miel de palma.

Hermigua

Las Chácaras

- ✉ Calle El Cabo, 2.
- ☎ 922 881 039.
- 🌐 www.laschacaras.com
- 🕐 Cierra domingo.
- 🍽 Precio medio: 20-25 €.

Cocina típica canaria y casera de toda la vida. Platos abundantes. Pescado fresco, buena carne, vinos gomeros. Fabuloso potaje de berros y carnes a la brasa de calidad. También carne de cabra y atún con mojo.

Playa de Santiago

Club Laurel

- ✉ Lomada Tecina, s/n. En el hotel Jardín Tecina.
- ☎ 922 145 850.

- 🌐 www.jardin-tecina.com
- 🍽 Precio medio: 25-30 €.

Uno de los restaurantes del hotel, en el que es imprescindible reservar. Cocina de autor con platos imaginativos basados en el recetario tradicional de la isla e internacionales. Dispone de un buen menú degustación. Mariscos, pescados y otros sugerentes y deliciosos platos. Excelente carta de vinos.

La Cuevita

- ✉ Avda. Marítima, s/n.
- ☎ 922 895 568.
- 🕐 Cierra domingo.
- 🍽 Precio medio: 30-40 €.

Una cueva transformada en restaurante. Pescado fresco y carnes como cabrito o conejo. Famosa la leche asada con miel de palma. Buena selección de vinos gomeros y canarios. Muy recomendable.

Playa

- ✉ Avenida Marítima, s/n.
- ☎ 922 895 147.
- 🍽 Precio medio: 20-25 €.

Pescados frescos. Cocina casera y canaria en un ambiente familiar, en un local abierto hace más de 40 años. Buenísimas la ropa vieja y las croquetas de atún. Otras especialidades son las garbanzas con carne, los fideos con caballa y, de postre, el frangollo.

San Sebastián

Conde Niebla (Parador de La Gomera)

- ✉ Lomo de la Horca, s/n. Parador de Turismo.
- ☎ 922 871 100.
- 🌐 https://paradores.es
- 🍽 Precio medio: 40-50 €.

Elegante. Cocina española y especialidades de la isla. Cambia la minuta con regularidad. Magníficos platos como ensalada de papaya con berros, queso fresco y yogur, sama con jugo de encebollado, cabrito en salmorejo. De postre, por ejemplo, pastel de pasas y almendras con helado de gofio.

Cuatro Caminos

- ✉ Profesor Armas Fernández, 1.
- ☎ 922 141 260.
- 🕐 Cierra domingo.
- 🍽 Precio medio: 25-35 €.

Cocina tradicional. Ofrecen buen pescado fresco. Son famosas las albóndigas de pescado. También puedes disfrutar de sus carnes a la plancha y cabrito. De postre, tarta de papaya, flan de café o tarta de requesón.

Valle Gran Rey

La zona de la isla con mayor oferta de restauración, no solo de cocina marinera o canaria, también iraní, malaya, hindú...

Casa Conchita

- ✉ Ctra. General de Arure, 11.
- ☎ 922 804 110.
- 🍽 Precio medio: 30-35 €.

Uno de los más famosos y reconocidos de la isla. Productos locales. Cocina innovadora y especialidades típicas del pueblo. Magnífico menú de la casa: potaje, queso, almogrote, atún encebollado, carne frita, leche asada. Muy recomendable.

La Montaña (Casa Efigenia)

- ✉ Las Hayas, 15.
- ☎ 922 804 248.
- 🌐 www.casaefigenia.com
- 🍽 Precio medio: 20-25 €.

Restaurante típico que lleva más de 50 años abierto. Famoso por el puchero vegetariano de la casa, con patatas, zanahorias, calabaza, piñas de maíz, garbanzos y col, acompañado con gofio escaldado con mojo rojo, vino del país y un postre casero, como tarta de cuajada con miel

de palma o tarta helada de gofio. Aunque algunos opinan que este puchero ya no es lo que era, sigue siendo una leyenda viva de la cocina de la isla.

La Calera

Una zona muy agradable y tranquila para comer. Y con grandes atardeceres para cenar.

Terraza El Mirador

- ✉ La Gurona, 13.
- ☎ 922 805 086.
- 🕐 Cierra jueves.
- 🍽 Precio medio: 25-30 €.

Cocina de mercado canaria. Ricas cremas (puerros, calabaza, apio...). Solomillo con miel de palma, almogrote y conejo. Ensaladas espectaculares y sabrosas preparadas con productos locales. Postres caseros, chocolate blanco cremoso (sopa de chocolate), flan de turrón... Mesitas en una callejuela del pueblo, en una zona tranquila. Bonitos atardeceres desde su terraza.

Orquídea

- ✉ Calle la Orquídea, 3.
- ☎ 922 805 181.
- ⏰ Cierra viernes y sábado.
- 🍽 Precio medio: 20-25 €.

Local con unas vistas de impresión, ideal para cenar disfrutando de una puesta de sol inolvidable. Cocina canaria. Entre sus especialidades, pescado fresco, ensaladas de huerta ecológica y conejo en salmorejo; de postre, leche asada.

La Playa

Yaya

- ✉ Paseo de las Palmeras, 8.
- ☎ 922 805 008.
- ⏰ Cierra lunes.
- 🍽 Precio medio: 20-25 €.

Pescado fresco en La Playa en un establecimiento de toda la vida, con terraza en primera línea. También zumería y pizzería. Económico.

La Puntilla

Garbanza

- ✉ Av. Marítima Charco del Conde, 15. Valle Gran Rey.
- ☎ 922 805 456.
- ⏰ Solo cenas.
- 🍽 Precio medio: 25-30 €.

Buena cocina árabe: pescado en salsa de coco y curry, cordero con salsa de miel de palma, pollo con salsa de mango… y cuscús.

Charco del Conde

Frente a una bonita cala de arena negra.

Charco del Conde (Casa Ciro)

- ✉ Avda. Marítima Charco del Conde, 9.
- ☎ 922 805 403.
- ⏰ Cierra domingo.
- 🍽 Precio medio: 20 €.

Muy recomendable. Terraza cubierta frente al mar. Cocina tradicional canaria, pescados frescos, magníficos potajes y sopas, croquetas de huevo, carnes y ensaladas. Económico.

Vueltas

La Salsa

- ✉ Telémaco, 11.
- ☎ 922 805 232.
- ⏰ Cierra domingo y lunes. Solo cenas.
- 🍽 Precio medio: 20-25 €.

Buen precio y buen ambiente. Productos locales, ensaladas ecológicas.

Rincón del Marinero

- ✉ El Carmen, 2. Junto al muelle del puerto.
- ☎ 922 806 309.
- ⏰ Cierra martes.
- 🍽 Precio medio: 20 €.

Rica cocina marinera, con morenas, cabrillas, pargos. También carne de conejo y de cabra. Una esquina perfecta para tomarse algo en la terraza. Muy buen ambiente y trato.

Vallehermoso

Sonia

- ✉ Plaza de Chipude, 70.
- ☎ 922 804 158.
- 💻 www.chipude.es
- 🍽 Precio medio: 20-25 €.

Junto a la iglesia. Tienen un fantástico vino blanco de cosecha propia. Excelentes potajes, como el de lentejas. También conejo en salsa, carne de cabra y postres caseros como la leche asada.

Colorado

- ✉ La Noria.
- ☎ 922 806 217.
- 💻 www.colorado-gomera.com
- 🍽 Precio medio: 25 €.

Buena comida en un ambiente informal es la propuesta de este local.

Los Chorros de Epina

- ✉ Ctra. Gral. km 46,5, de Arure a Valle Gran Rey. Epina.
- ☎ 922 800 030.

- 💻 www.chorros deepina.com
- 🍽 Precio medio: 20-25 €.

Restaurante en un entorno privilegiado. Cocina tradicional canaria, a buen precio, y con unas vistas espectaculares.

ISLA DE EL HIERRO
Echedo

La Higuera de la Abuela

- ✉ Tajaniscaba, 10.
- ☎ 922 551 026.
- 🍽 Precio medio: 30 €.

Cocina española. Riquísimo conejo con almendras y excelente postre tres leches. El lugar es muy agradable.

La Frontera

Casa Pucho. Don Din 2

- ✉ La Corredera, 5.
- ☎ 660 792 218.
- 🍽 Precio medio: 20-30 €.

Cocina canaria e internacional. Especialidad: sama a la espalda con pimientas piconas. También platos de cocina oriental (pollo al curry…). Carnes, pescados, sopas, costillas, pollo y cordero ecológico de la isla. Buen vino.

Asador Padrón

- ✉ Artero, 20.
- ☎ 638 804 751.
- 🍽 Precio medio: 30 €.

Platos abundantes en este asador, en donde sirven vino de la zona. Buen ambiente y mejor servicio.

Guarazoca

El Mirador de la Peña

- ✉ Carretera General del Norte, 40.
- ☎ 922 550 300.
- 🍽 Precio medio: 40 €.

En un lugar increíble, el mirador diseñado por César Manrique. Cocina canaria de autor e internacional.

Especializado en pescado fresco; delicioso queso con mojo, lapas a la plancha y estofado de cabrito.

La Pasada

✉ Ctra Gral. 4.
☎ 922 551 861.
🍽 Precio medio: 20-25 €.

Se encuentra de camino al mirador de la Peña. Muy recomendable. Cocina típica canaria, auténtica y casera: costillas con papas y piña, potajes, platos tradicionales, carnes a la brasa y también pescados y mariscos.

Isora

Parrilla Isora

✉ Ferinto, 58.
☎ 922 551 719.
📱 www.facebook.com/ParrillaIsora
🍽 Precio medio: 30 €.

Infalible a cualquier hora de cualquier día, nunca cierra la cocina. Famosa por la parrilla especial Isora. Excelentes carnes a la brasa. También cocina internacional y típica venezolana. Terraza.

El Mocanal

Villa El Mocanal

✉ Barlovento, 18 (a 5 km de Valverde).
☎ 922 550 373.
📱 www.villael monacal.com
🍽 Precio medio: 25 €.

Es el restaurante del helito rural del mismo nombre. Cocina canaria. Especialidad en brochetas de lapas y langostinos con salsa de mostaza.

Las Playas

Restaurante del Parador de El Hierro

✉ Las Playas, 15.
☎ 922 558 036.
📱 https://paradores.es
🍽 Precio medio: 45 €.

La minuta cambia con frecuencia. Cocina canaria adaptada e internacional. Platos estrella como los medallones de atún en salsa de limón y burgados, o solomillo de cerdo con salsa de mango y biscuit de higos de El Pinar.

Las Puntas

Lays

✉ Crta. Gral. Las Puntas, 30, bajo.
☎ 922 551 223.
🕐 Cierra martes.
🍽 Precio medio: 25 €.

Se come muy bien. Cocina creativa con productos canarios. Terraza.

La Restinga

Casa Juan

✉ Juan Gutiérrez Monteverde, 33.
☎ 922 557 102.
🕐 Cierra martes y miércoles.
🍽 Precio medio: 25-30 €.

Cocina casera, canaria y marinera en un restaurante familiar. Pescado muy fresco, también mariscos. Se trata de un clásico de la zona y uno de los primeros que abrieron en La Restinga.

El Refugio

✉ La Lapa, 2.
☎ 922 557 029
🍽 Precio medio: 20-25 €.

Uno de los mejores de La Restinga. Cocina marinera canaria. Especializado en marisco y pescado fresco. Afamada tapita de camarones, buen vino blanco, espectaculares lapas a la plancha con mojo o vieja sancochada y otros pescados del día.

Tasca La Restingolita

✉ Avenida Marítima, s/n.
☎ 822 096 130.
🍽 Precio medio: 20-25 €.

Pescados y mariscos frescos. Buena relación calidad-precio.

La Vieja Pandorga

✉ Esquina La Lapa 3.
☎ 922 557 064.
🕐 Cierra martes.
🍽 Precio medio: 30 €.

Pulpo frito, croquetas de gofio, churros de pescado fresco. Las raciones son generosas y el trato agradable.

Sabinosa

Pozo de la Salud

✉ Pozo de la Salud, s/n.
☎ 922 559 465.
🍽 Precio medio: 30 €.

Restaurante del hotel-balneario del mismo nombre, que durante un tiempo fue considerado el más pequeño del mundo. Especializado en cocina dietética y nutricional. También sirve platos canarios tradicionales, como milhojas de queso ahumado y tomates.

San Andrés

Casa Goyo

- ✉ Jarera, 11.
- ☎ 922 551 263.
- ⏰ Cierra lunes y martes.
- 🍽 Precio medio: 20 €.

Altamente recomendable. Auténtico, tipo venta tradicional, de carretera. Restaurante familiar con cocina de toda la vida. Excelente carne de fiesta.

La Igualdad

- ✉ Jarera, 7.
- ☎ 922 554 103.
- 🍽 Precio medio: 20 €.

Cocina típica canaria. Famoso por su carne de cochino a la parrilla y otras carnes a la brasa. Excelentes bocadillos. Trato amable.

Tacorón

Tacorón

- ✉ Cala de Tacorón.
- ☎ 922 557 154.
- 🍽 Precio medio: 20 €.

En una ubicación impresionante, las calas de Tacorón. Merece la pena sentarse a cenar un buen pescado mientras se disfruta de la puesta de sol.

Tamaduste

Bimbache

- ✉ Los Cardones, 7.
- ☎ 922 551 286.
- ⏰ Cierra miércoles y jueves.
- 🍽 Precio medio: 20-25 €.

La opción para comer algo en Tamaduste. Pescado fresco y también comida típica canaria.

Valverde

La Mirada Profunda

- ✉ Santiago, 25.
- ☎ 922 551 787.
- 🍽 Precio medio: 25-30 €.

Bonito restaurante, con una cálida decoración, especializado en cocina creativa. Originales platos de cocina internacional.

Guayana Timijiraque

- ✉ Ctra. General, 5.
- ☎ 922 554 806.
- 🍽 Precio medio: 25 €.

Sencillo y acogedor, muy próximo al parador. Restaurante de comida casera a precios asequibles y con un trato muy agradable.

La noche

ISLA DE LA GOMERA

La noche no es uno de los fuertes de esta isla, que se perfila, más bien, como un destino para el reposo y la tranquilidad. Pero aún así, algo hay, casi todo concentrado entre la capital y, sobre todo, Valle Gran Rey.

San Sebastián (La Villa)

Frente a los pantalanes del muelle están los locales que abren hasta las 2-3 h los fines de semana.

Caprichos

- ✉ Avenida Fred Olsen. Edif. de la Marina. 2ª.
- ☎ 629 650 889.

- 🌐 www.caprichos delagomera.es

Restaurante y terraza.

Hermigua

Tasca Telémaco

- ✉ Plaza de la Encarnación, 2 (junto a la iglesia).
- ☎ 922 880 812.

Música en vivo y conciertos. Tasca con terraza, comedor y *chill out*. Clases de baile latino, canchas de bola canaria. Muy animado.

Valle Gran Rey

Es el pueblo con más ambiente nocturno. En la calle Cuesta de Abisinia se concentra lo mejorcito de la

noche de la isla: **Bistro**, **La Tasca** (cócteles) y el mítico **Cacatúa**, además de las terrazas de los restaurantes.

Europarc

Merece la pena buscar restaurantes, hoteles y actividades con el sello Europarc, carta europea de turismo sostenible en espacios protegidos, que promueve una gestión del turismo respetando las necesidades de los residentes, empresas locales y visitantes, junto con el cuidado del medio ambiente.

Bistro Café
✉ **Vueltas, 21.**
☎ **922 805 507.**
Excelentes desayunos.

La Cacatúa
✉ **Cuesta de Abisinia, 5. Vueltas.**
☎ **922 806 104.**
🕐 **Cierra domingo y lunes. Abierto hasta la 1 h.**
Local emblemático. Más de 30 años al frente de la noche en la isla. Con terraza.

ISLA DE EL HIERRO

Está claro que El Hierro no es un destino para salir de copas, más bien todo lo contrario. Aquí se viene a desconectar y en busca de paz y aislamiento. No hay, por lo tanto, lugares de ocio nocturno, salvo bares que están abiertos hasta no muy entrada la noche. Señalamos unos cuantos bares y tascas de pueblo donde tomarse algo en un ambiente distendido y muy, muy relajado.

Valverde

Los locales más importantes de la noche herreña se encuentran en la capital.

La Taberna El Chavelazo
✉ **General Rodríguez Sánchez Espinoza, 8.**
☎ **696 565 152.**
🕐 **Viernes, sábado y vísperas de festivo a partir de las 23 h.**
Ambiente de copas.

El Pinar

En la carretera encontramos estos dos bares con una pequeña plaza enfrente. Lo que se podría considerar una zona de copas muy auténtica. Ambientillo los viernes.

Bar Chachi
✉ **Travesía del Pino, 48.**
☎ **922 558 262.**
🕐 **De jueves a martes de 6 h a 23.30 h.**
Bar típico de toda la vida. Vende vino de pata. Con decoración futbolera local.

Bar El Mentidero
✉ **Travesía del Pino, 50.**
☎ **922 558 151.**
🕐 **Todos los días de 6 h a 23 h.**
Bar genuino, de los de siempre. También sirven bocadillos, empanadas y buen café.

La Restinga

Para tomarse algo en La Restinga lo suyo son las terrazas de restaurantes y bares de la Avenida Marítima.

Mar de las Calmas
✉ **Avenida Marítima, 16.**
☎ **922 557 183.**
🕐 **Todos los días de 10 h a 23 h.**
Terraza en la avenida.

Tasca Avenida
✉ **Avenida Marítima, 14.**
☎ **669 524 420.**
Terraza en la avenida. Bar-pizzería.

Actividades, deportes

ISLA DE LA GOMERA

El contacto con la naturaleza es la principal actividad de ocio que ofrece la isla, ideal para senderistas y ciclistas. La Gomera también permite practicar otras actividades al aire libre como golf, submarinismo, parapente o surf.

EN LA NATURALEZA

Excursiones por mar

Principalmente son excursiones que parten del puerto de Playa de Vueltas, en Valle Gran Rey. También hay unos pocos que zarpan de Playa de Santiago. Trayectos en barco de distinta duración para visitar los Órganos o para el avistamiento de delfines y cetáceos. Suelen ofrecer recorridos por el Roque de Iguala, La Rajita, La Dama y La Cantera. Dependiendo de la suerte que se tenga y de la época del año, se pueden avistar delfines como el mular (el más abundante y pegado a las costas), pero también el moteado, el común, el de diente rugoso, el listado y, con menos frecuencia pero también avistables, cachalotes, calderones tropicales, zifios de Blainville... así como tortugas, pardelas y águilas pescadoras, que anidan en los riscos.

Tina

- ✉ Puerto de Vueltas.
- ☎ 608 645 226.
- 🖥 www.excursiones-tina.com
- 🕐 Salidas de Valle Gran Rey a las 11 h.

Barco de 2 pisos. Ofrece excursiones a los Órganos y de avistamiento de delfines y, si hay suerte, de cetáceos. Un agradable paseo en un barco muy cómodo en el que te puedes dar un baño y te invitan a un pequeño piscolabis de tapas con sangría.

Speedy

- ✉ Puerto Valle Gran Rey.
- ☎ 922 805 414, 629 990 643.
- 🖥 www.speedy-gomera.com
- 🕐 Salidas todos los días a las 10.30 h.

De la misma compañía de Tina. Excursión de 3 horas a ver cetáceos o a Los Órganos. Esta lancha rápida ofrece como ventaja, además de la velocidad, que al estar más cerca de la superficie del mar, da la sensación de que uno se encuentra más próximo a los delfines y casi puede tocarlos.

Océano

- ✉ Calle Quema, 7. Vueltas. Valle Gran Rey.
- ☎ 660 294 487.
- 🖥 https://whalewatching-gomera.com/
- 🕐 De lunes a sábado de 9.30 h a 13 h y de 17 h a 19 h. Salidas a las 10 h y 16 h.

Excursiones a vela al amanecer, previa solicitud. Avistamiento de delfines y ballenas. Reconocido por Europarc como turismo sostenible.

Excursiones Yani

✉ **Puerto Valle Gran Rey.**
☎ **639 889 122.**
🖥 **www.excursiones**
yani.es
🕐 **Salidas a las 10.30 h.**
Barco con fondo de cristal. Excursiones desde Valle de Gran Rey y desde Playa de Santiago. También ofrece la posibilidad de desplazarse a San Sebastián, más rápido que en coche o bus.

Senderismo

Centro de Visitantes Juego de Bolas

▶ ver pág. 55.
El Parque Nacional de Garajonay organiza visitas guiadas gratis desde estas instalaciones. Caseta de información también en Laguna Grande.

Ymaguara

✉ **Pablo González Vera 13.**
Vallehermoso.
☎ **645 927 650.**
🖥 **https://ymaguara.com**
Ofrece senderismo cultural por las Rutas Artesanas y Tradicionales. Tienda con artesanía y gastronomía local, y espacio cultural.

Timah

✉ **La Gurona, 4. Valle Gran**
Rey.
☎ **616 472 250.**
🖥 **www.timah.net**
Guías de senderismo y excursiones. Grupos pequeños.

CULTURALES

Galería de Arte Luna

✉ **Calle Real, 28.**
San Sebastián.
☎ **922 870 666**
🖥 **www.galerialuna.com**
Galería de arte en la Villa.

Centro de Interpretación Las Loceras

✉ **Plaza de El Cercado**
(Vallehermoso), cerca
del Parque Nacional de
Garajonay.
☎ **922 804 104.**
🖥 **https://lasloceras.com**
🕐 **De martes a domingo,**
de 9.30 h a 13.30 h.
Muestra del patrimonio etnográfico local, desde los guanches hasta la actualidad. Cerámica tradicional.

Museo Arqueológico de la Gomera (MAG)

▶ ver pág. 39.

Muestras de la cultura de los antiguos habitantes de la isla. Arqueología y patrimonio (planta baja), primeros pobladores (planta primera) y prácticas mágico religiosas (planta segunda).

Museo Etnográfico de La Gomera (MEG)

▶ ver pág. 44.
De visita obligada.
Muestra de la explotación y gestión de los productos naturales desde la colonización primitiva. Planta 1: la pesca, el bosque, la agricultura, la ganadería, y utensilios y herramientas. Planta 2: cestería, la bodega, tejidos y telares. Tienda en planta baja.

ISLA DE EL HIERRO

Las distintas actividades que se pueden realizar en El Hierro giran en torno a su rico patrimonio natural y cultural.

EN LA NATURALEZA

Excursiones en velero

Serea

- ☎ 609 770 459.
- 🖱 www.sereaexcursiones.es

Avistamiento de delfines, snorkel, prácticas de navegación.

Senderismo

Atlantidea

- ☎ 649 650 913.
- 🖱 www.atlantidea.net

Rutas de senderismo, rutas temáticas y excursiones en vehículo.

Buceo

Centro de Buceo El Hierro

- ✉ El Rancho, 12. La Restinga.
- ☎ 922 557 023 y 609 261 838.
- 🖱 www.centrodebuceo elhierro.com

Ofrece inmersiones en uno de los mejores fondos marinos de Europa. Pionero en la isla, cuenta con excelentes infraestructuras y embarcaciones.

Parapente

Fly El Hierro

- ☎ 684 297 672.
- 🖱 www.flyelhierro.com

Club de parapente. No hace falta saber volar en parapente, puedes ir de acompañante de un profesional. Puntos de despegue: **Dos Hermanas.** Carretera HI-45. Cota 1200 m. Camino que va a la Cruz de los Reyes tras el cruce de la Llanía. El punto de despegue más importante y alto de la isla. Vistas privilegiadas sobre el valle de El Golfo. Punto de aterrizaje cerca de Tigaday. **Cumbre de 800 m.** Carretera HI-1 (antigua carretera de la Cumbre). Bien señalizado. Fácil acceso y excelentes condiciones de vuelo.

Acampada

La Hoya del Morcillo

- ✉ Hoya del Morcillo.
- ☎ 922 550 017.
- 🖱 https://elhierro.travel
- ⊟ 4,32 € por persona y día.

Zona de acampada en el corazón de un bosque de pinos. Aparcamiento para caravanas con tomas de luz. También dispone de dos casetas de madera y una amplia zona con fogones, parque infantil y hasta un punto *wifi free*. Situado cerca de varios de los caminos más importantes de la red de senderos de la isla.

CULTURALES

Ecomuseo de Guinea (Lagartario)

▶ ver pág. 79.

Ecomuseo del Poblado Arqueológico de Guinea, en el valle de El Golfo, con cuevas habitadas por los aborígenes, los bimbaches, y muestras de la evolución

de la arquitectura popular herreña, con viviendas típicas y sus enseres. Aquí también se encuentra el **Centro de Recuperación del Lagarto Gigante de El Hierro,** donde se cría en cautividad este raro reptil en vías de extinción. Cuenta con un pequeño punto de venta de artesanía.

Centro Etnográfico Casa de las Quinteras

▶ ver pág. 70.

Museo etnográfico en una preciosa casa tradicional herreña de piedra lávica con cuatro salas con muestras de herrería, artesanía textil, en madera y barro. Cuenta con los fondos de las colecciones etnográficas del Cabildo de El Hierro. Tiene, además, uno de los principales puntos de venta de artesanía de la isla, con espléndidas piezas de los mejores artesanos herreños.

Museo de la Restingolita

▶ ver pág. 88.

Pequeño centro de interpretación del fenómeno volcánico submarino que tuvo lugar de octubre de 2011 a marzo de 2012. Muestra del material que llegó a la superficie del mar y que recibe el nombre del pueblo: la Restingolita.

Fundación Cultural Canaria Inge Stender

- ✉ Tejeguate, 8. La Frontera.
- ☎ 922 555 224.
- 🖱 www.fundacion.inge-stender.com/fundacion.html
- ⊙ Sábados y domingo de 16.30 h a 20 h.

Ayuda a la difusión de artistas locales: pintores, fotógrafos, artesanos, escritores… Organiza exposiciones y lecturas.

■ Niños

ISLA DE LA GOMERA

Las actividades de ocio en la isla para los más pequeños giran en torno a la naturaleza: jardines, parques naturales, calas, senderos y playas.

Parques, jardines, naturaleza

Centro de Visitantes Juego de Bolas

▶ ver pág. 55.
Centro del Parque Nacional de Garajonay, zona de Especial Protección para las Aves y Patrimonio Mundial de la Unesco. Cuenta con paneles y audiovisuales que muestran una panorámica general de las características del parque y de la isla. Visitas guiadas y venta de libros, mapas, folletos, artesanía local...

Jardín Botánico del Descubrimiento

✉ Ctra. Vallehermoso. La Playa (entre Vallerhemoso y el parque marítimo, cerca del barranco de Vallehermoso, a la altura del barrio de San Pedro).
Jardín botánico de más de 16.000 m^2, en un entorno rural, con especies vegetales de los cinco continentes, con especial atención a las plantas más representativas de las Islas Canarias y el intercambio que América y Europa realizaron durante el descubrimiento.

Burro Park La Gomera

✉ Casa de la Pradera. Cruz de Tierno. Las Rosas.
☎ 648 502 644.

🖱 www.eselpark-lagomera.de
ⓘ Imprescindible reservar.
Parque con burritos donde los niños pueden disfrutar del contacto con los animales y la naturaleza. Ofrece actividades de aprendizaje con los animales, paseos en burro y excursiones por viejos caminos.

Laguna Grande

▶ ver pág. 55.
Esta zona del Parque Nacional de Garajonay cuenta con área infantil, tirolina, senderos fáciles para niños y personas de movilidad reducida, área recreativa, un buen bar restaurante, fogones, mesas, merenderos, caseta de información y aula de la naturaleza.
En la **ermita de Lourdes, Las Creces** y **Epina** existen zonas recreativas con merenderos.

Senderos cortos
Como el sendero de los **Barranquillos**. Fácil, apto para los más pequeños.

Kayak
Splash Gomera

✉ Club Laurel, Hotel Jardín Tecina. Avda. del Almirante Colón, 2. Playa de Santiago.
☎ 626 658 901.
🖱 www.splashgomera.es
Excursiones en kayak en Playa de Santiago. Kayak, stand up (sup), kayak de pesca, buceo con esnorquel, excursiones, alquileres y venta de equipos.

Avistamiento de cetáceos

Avistamiento de cetáceos (ballenas, delfines...). Excursión en barco al acantilado de los Órganos (Monumento Natural).
▶ ver pág. 102.

Piscinas naturales y playas

Baños cómodos y sin peligro para los más pequeños

Vallehermoso (Parque Marítimo). Piscina, al lado de la playa, de agua salada y acceso público. Solo se pagan las hamacas. Bar-cafetería abierto en verano.
Piscinas naturales de **Hermigua**. "El Pescante". Piscina natural y cala. Se accede a pie. 500 m.
Charco del Conde. Pequeña cala en Valle Gran Rey. Lugar ideal para niños, sin gran profundidad, en un espacio protegido.

Hotel
Hotel Finca El Cabrito**

▶ ver pág. 108.
Un hotel al que solo se puede llegar por mar, sin coches ni carreteras, con 10 hectáreas de naturaleza, parque infantil de juegos, playa, cuevas en las colinas, árboles para trepar, un establo de cabras, burro, gallinas, un charco... donde los niños pueden jugar libremente. Ofrecen, además, "guardería" por las mañanas.

ISLA DE EL HIERRO

La oferta de ocio para los niños en la isla está ligada exclusivamente al medio natural. Con un clima estupendo y una naturaleza salvaje, ofrece diferentes posibilidades, como pasar un agradable día en sus piscinas naturales y pla-

yas, pasando por la inexcusable visita al Lagartario de Guinea, paseos por los senderos más adecuados a las distintas edades o una barbacoa en merenderos tanto de costa como de montaña. También existe la opción de excursiones en barco para contemplar la fauna marina.

Animales

Lagartario de Guinea
▶ ver pág. 79.
A los niños les encantará el Centro de Recuperación del Lagarto Gigante de El Hierro. Aquí pueden observar a estos magníficos reptiles que se creían extintos. También cuenta con un ecomuseo donde se muestra la forma de vida de los antiguos pobladores de la isla, los bimbaches. Divertido y didáctico.

Senderos
Para los niños hay que buscar los caminos con un recorrido más fácil y de poco desnivel, como el paseo litoral desde **Las Macetas a Las Puntas.**

Uno de los más recomendables es el **Circular de La Llanía** (SL-EH 1), sendero circular, como su nombre indica, que se puede recorrer en unas dos horas y media, a la sombra de brezos, en un agradable bosque húmedo, sin sofocos. Otra ruta recomendada es la costera que va desde **Tamaduste hasta el roque Las Gaviotas** (SL-EH 3). Sendero local de unos 2 km que se recorre en apenas una hora, que bordea la costa del Tamaduste. Un paseo relajado a la orilla del mar.

Barbacoas y acampadas
En el mar: barbacoa en la **cala de Tacorón,** para darse baños y disfrutar de sus merenderos y asadores junto al mar. **Las Playas** cuenta también con una zona recreativa para hacer picnic.
En la montaña: acampada, zona recreativa y barbacoa en **La Hoya del Morcillo.** Perfecto para pasar un día con los niños, en el interior de un bosque de pinos, con

zona de barbacoas con leña, parque infantil y punto *wifi free*. No es necesario pedir permiso para acampar. Cerca encontramos el mirador de Tanajara y también varios senderos.

Piscinas naturales y playas
La Caleta. Las piscinas de agua de mar de este pequeño pueblo costero son cómodas y permiten darse un baño con facilidad.
Las piscinas naturales de **La Maceta,** en la costa del Valle del Golfo, están perfectamente acondicionadas para el baño. Lugar ideal para un día de playa familiar. Cuenta con un merendero acondicionado para parrillas y asados.
La Restinga. Tiene una pequeña playa de arena negra, muy recogida, perfecta para niños.
Las piscinas naturales de **Tamaduste** son ideales para darse un chapuzón. Seguras, muy cómodas, con zonas bien acondicionadas para tumbarse a tomar el sol.

❚ Compras

ISLA DE LA GOMERA

GASTRONOMÍA

A destacar la miel de palma, el queso, el almogrote, los mojos, los dulces y los vinos.

Alimentos de la Gomera

🖥 www.alimentosde lagomera.com
Productos y productores.

San Sebastián

Mercado Municipal

✉ Avenida de Colón.
Mangos papayas, higos chumbos (tunos), boniatos, ñame, papitas… También productos artesanales: almogrote, miel de palma, mojos, mermelada…

Dulcería Mendoza

✉ Ruiz de Padrón, 6.
☎ 922 871 072.
Dulces típicos gomeros. Bar cafetería.

ARTESANÍA

Principalmente desarrollada en el norte de la isla, con Vallehermoso como el municipio con más artesanos de La Gomera. Destaca la alfarería (que se realiza desde época guanche sin torno, con barro, arena y almagre), la cestería y los textiles (ganchillo, bordados, croché, encajes, piel, cuero, soga, seda, lana…).

Valle Gran Rey

Centro de Interpretación Las Loceras El Cercado

▶ ver pág. 52, 103.

Además del Centro de Interpretación, en el pueblo de El Cercado se encuentran la mayoría de los talleres de cerámica tradicional.

Parque Etnográfico de La Gomera Los Telares

✉ Ctra. Gral. Hermigua. El Convento.
☎ 922 880 781.
🖥 www.lostelaresgomera. com
Tienda de artesanía y alimentos gomeros, una finca ecológica tradicional, un jardín botánico y un molino de gofio con una extensa colección de antigüedades.

Mercadillo

✉ Pza. Lomo del Riego. En la Calera.
🕐 Domingo de 9 h a 15 h.
Artesanía y gastronomía.

San Sebastián

Artesanía Santa Ana

✉ Calle Real, 41 (frente a la iglesia).
☎ 922 141 864.
Artesanía, música, camisetas.

ISLA DE EL HIERRO

GASTRONOMÍA

En El Hierro se puede adquirir algo de artesanía tradicional. No está de más comprarse un buen queso o un vino, pero lo típico de siempre ha sido llevarse unas quesadillas como quien va a Mallorca y se lleva una ensaimada.

Quesadillas La Herreña

✉ Calle Las Lajas, 4. La Frontera.
☎ 922 559 230.
🖥 http://quesadillas.es
Desde 1982. Es el dulce típico herreño más famoso. Riquísimo, elaborado artesanalmente siguiendo la receta tradicional (queso fresco, azúcar, huevo, harina, limón y anís). Utilizan ingredientes frescos y naturales de El Hierro.

ARTESANÍA

El Hierro cuenta con una atractiva artesanía tradicional (textil: cubrecamas, mantas, traperas; en madera: chácaras, castañuelas y cuencos; también cestería y alfarería: concerros y ollas típicas) que se puede adquirir en los principales **centros turísticos** como el del **Árbol Garoé** o el **Mirador de La Peña**.
Lo más típicamente ligado a su folclore son los tocados de los bailarines, los tambores de madera y cuero, y las famosas chácaras y pitos. No perdáis la ocasión de llevaros alguno.

Centro Etnográfico Casa de las Quinteras

▶ ver pág. 70.
Uno de los mejores y más variados puntos de venta de artesanía de la isla, con espléndidas piezas de los mejores artesanos herreños.

Mercadillo Municipal de La Frontera

✉ Plaza Benito Padrón Gutiérrez. La Frontera.
🕐 Domingo por la mañana.
Mercadillo con artículos locales que van desde la artesanía a los productos agrarios de calidad, pasando por la cestería y las prendas textiles, que se pueden adquirir en sus puestos. Cuenta con unas instalaciones fijas desde 2011.

Alojamiento

ISLA DE LA GOMERA

La Gomera cuenta con una excelente y variada oferta de alojamiento, con hoteles de calidad, prácticas pensiones y bonitos hoteles rurales. Pero, sobre todo, abundantes apartamentos turísticos y casas rurales de ensueño.

Hermigua

Hotel Rural Ibo Alfaro

- ✉ Finca Los Pajaritos. Barrio Ibo Alfaro.
- ☎ 922 880 168.
- 🖰 https://hotel-rural-gomera.com
- 🛏 Habitación doble: desde 95 €.

Hotel rural abierto en una mansión del siglo xix en una finca en mitad del campo, con un bonito jardín y grandes vistas.

Hotel Rural Villa de Hermigua

- ✉ Ctra. General, 117.
- ☎ 600 526 925.
- 🖰 www.hotelrural-villahermigua.com
- 🛏 Habitación doble: desde 65 €.

Tradicional casona gomera, de 120 años de antigüedad, reformada para acoger un bonito hotel rural de dos plantas, rodeado de plataneras y en el centro de Hermigua.

Apartamentos Los Telares

- ✉ Ctra. General, 10.
- ☎ 922 880 781.
- 🖰 www.lostelaresgomera.com
- 🛏 Apartamento/dos personas: desde 54 €.

Preciosos y en un entorno idílico. Vistas al Parque Nacional de Garajonay. Piscina, desayuno ecológico casero en el apartamento. Ecoturismo de calidad en un establecimiento perteneciente a Europarc.

Playa de Santiago

Hotel Jardín Tecina****

- ✉ Lomada de Tecina, s/n.
- ☎ 922 245 101.
- 🖰 www.jardin-tecina.com
- 🛏 Habitación doble: desde 200 €.

Espectacular, uno de los mejores hoteles de la isla. Cómodos bungalós de estilo canario, rodeados de cuidados jardines. Cercano al mar (cuenta con un curioso ascensor que une el hotel con la playa) y con excelentes servicios e instalaciones. Disponen de un próximo campo de golf de 18 hoyos con vistas al Atlántico, el **Tecina Golf** (www.jardin-tecina.com/es/golf).

Pensión La Gaviota**

- ✉ Avda. Marítima, 35, esquina con plaza Virgen del Carmen.
- ☎ 922 895 135.
- 🖰 www.pensionla gaviota.es
- 🛏 Habitación doble: desde 40 €.

Pensión frente al mar, en un edificio de dos plantas, sencilla, confortable y bastante cuidada. Destaca su excelente ubicación. Algunas habitaciones con vistas al mar. En el bajo tienen un bar, el **Bodegón el Mar**.

San Sebastián de La Gomera

Parador****

- ✉ Lomo de la Horca, s/n.
- ☎ 922 871 100.
- 🖰 https://paradores.es
- 🛏 Hab. doble: desde 190 €.

Una de las mejores opciones de la isla. Mansión canaria de aire colombino, con vistas al mar y a Tenerife, así como amplias panorámicas de la ciudad. Piscina y un impresionante jardín de especies tropicales.

Hotel Torre del Conde***

- ✉ Ruiz de Padrón, 17.
- ☎ 922 870 000.
- 🖰 www.hoteltorredel conde.es
- 🛏 Habitación doble: desde 82 €.

Junto al parque de la torre del Conde, en el centro de la villa. Amplio, moderno, tranquilo, sencillo y funcional. Dispone de una terraza mirador.

Hotel Finca El Cabrito**

- ✉ Playa del Cabrito.
- ☎ 922 145 005.
- 🖰 https://elcabrito.es
- 🛏 Habitación doble: 150-170 €.

Maravilloso hotel accesible únicamente por vía marítima, situado en un valle en el sureste de la isla, en la playa del Cabrito, relativamente cerca de la capital. Se encuentra en una antigua hacienda agrícola de 1900, reformada para albergar este magnífico hotel, aislado del mundanal ruido y las carreteras. Tranquilidad asegurada.

Hotel Villa Gomera**

- ✉ Ruiz de Padrón, 68.
- ☎ 922 870 020.
- 🖰 www.hotelvilla gomera.com
- 🛏 Habitación doble: desde 52 €.

Céntrico y familiar. Acogedor y atendido con simpatía y esmero. .

Hotel La Colombina*

- ✉ Ruiz de Padrón, 83.
- ☎ 922 872 226.
- 🖥 www.hotella colombina.com
- 🛏 Habitación doble: desde 72 €.

Céntrico, con un gimnasio próximo, el auditorio de la ciudad y los principales monumentos históricos.

Pensión Víctor

- ✉ Real, 23.
- ☎ 922 871 335.
- 🛏 Habitación doble: desde 35 €.

Económico, céntrico, en la bonita calle peatonal del Medio o Real. Muy atentos. Habitaciones sencillas y trato familiar. Pequeño patio interior y conexión wifi. Tiene una tasquita a la entrada con un asequible menú del día.

Valle Gran Rey

El hospedaje más atractivo en esta zona son los apartamentos. Los hay en abundancia y para todos los gustos y presupuestos.

La Calera

En la Calera abundan los apartamentos en casas tradicionales. Hay que buscar las vistas. Se trata del núcleo urbano con más sabor de Valle Gran Rey (calles empinadas, casas antiguas), y todas las playas están cerca.

Casa Askanova

- ✉ Ancón de la Calera, 2.
- ☎ 659 314 026.
- 🛏 Apartamento/dos personas: desde 80 €.

En el casco empedrado del hermoso núcleo urbano de La Calera. Apartamentos en las estrechas y empinadas callejuelas peatonales. Casa de arquitectura tradicional canaria del siglo XIX.

Muros de piedra y suelos de madera. Toma su nombre de la poetisa Celia Askanova, que vivió en ella. Planta alta con terraza y unas impagables vistas al valle con el mar de fondo.

Hotel Jardín Concha*

- ✉ Calle de la Orquídea, 1. La Calera.
- ☎ 922 806 063.
- 🖥 www.hotelconcha.net
- 🛏 Habitación doble: desde 70 €.

La primera posada fonda de Valle Gran Rey. Precioso lugar, en el casco antiguo y en un edificio con los típicos balcones canarios. Goza de unas vistas magníficas y resulta recogido y acogedor. Recomendable.

Playa de la Calera

Núcleo urbano con la playa de la Calera al lado y una pequeña avenida marítima.

Hotel Playa Calera****

- ✉ Punta Calera, 2.
- ☎ 922 805 779.
- 🖥 https:// hotelplayacalera.com
- 🛏 Habitación doble: desde 110 €.

Fantástico hotel. Nuevo, de calidad y céntrico, a pocos metros de la playa de la Calera. Suites y estudios con vistas al mar, terraza y todos los servicios posibles. Diseño moderno y de buen gusto.

Apartamentos Gomera Lounge

- ✉ La Playa de Calera, 9.
- ☎ 922 805 195.
- 🖥 https://gomeralounge.de
- 🛏 Apartamentos: desde 55 €.

Apartamentos con vistas al mar, en primera línea de playa y muy modernos. Tienen hasta piano bar y wellness.

Apartamentos Los Tarajales

- ✉ Ctra. Playa del Inglés, 9. Callao Las Mozas.
- ☎ 922 805 325.
- 🖥 www.tarajales.net
- 🛏 Apartamentos: desde 55 €.

Apartamentos y estudios en primera línea de playa. Cuenta con dos piscinas de agua salada y unos bonitos jardines. Ambiente familiar.

Apartamentos Mesa

- ✉ Lepanto, 20. En La Playa.
- ☎ 922 805 885.
- 🛏 Apartamento: desde 50 €.

A unos minutos de la playa del Inglés. Prácticos y económicos. Nuevos, reformados. El del último piso, con una amplia terraza, cuesta algo más pero merece la pena.

Playa de La Puntilla

En esta zona cabe destacar su hotel más famoso.

Hotel Gran Rey***

- ✉ Avda. Marítima, 1. La Puntilla.
- ☎ 922 805 859.
- 🖥 https://hotelgranrey.es
- 🛏 Habitación doble: desde 120 €.

Situado en primera línea de playa en la bahía del antiguo puerto de pescadores. Habitaciones confortables con vistas al mar y al valle. El restaurante está especializado en cocina canaria e internacional.

Charco del Conde

Zona con una preciosa cala de arena negra, protegida y tranquila. Cuenta con abundantes apartamentos.

Apartamentos Jardín del Conde

- ✉ Avda. Marítima Charco del Conde, 13.
- ☎ 922 806 008.

🖥 https://apartamentos jardindelconde.com
🛏 **Habitación doble:** desde 136 €.

Apartamentos integrados en el entorno natural y frente al Charco del Conde. Funcionales, amplios y equipados con los mejores servicios hoteleros.

Apartamentos Baja del Secreto***

✉ Avda. Marítima, 11.
☎ 922 805 709.
🖥 https://bajadelsecreto.es
🛏 **Habitación doble:** desde 70 €.

Apartamentos en primera línea de playa y junto al Charco del Conde. Edificación inspirada en las antiguas casonas canarias, con balcones de madera y paredes de piedra. Amplias terrazas con vistas al mar.

Apartamentos Charco del Conde

✉ Avda. Marítima, 7.
☎ 922 805 528.
🖥 https://charcodelconde. com/
🛏 **Apartamento/dos personas:** desde 60 €.

Apartamentos frente a la playa. Minigolf, piscina para adultos y para niños. Terrazas con vistas al mar o la piscina.

Vueltas

Zona donde se encuentra el puerto pesquero y los locales de noche más importantes de la isla. Un poco más allá se encuentra la playa de Argaga.

Finca Argayall

🏠 Playa de Argaga.
☎ 922 697 008.
🖥 www.argayall.com

En un sitio impresionante, una cala recluida junto al muelle de Vueltas, en la playa de Argaga. Un centro de vacaciones donde se practica yoga y medita-

ción. El retiro perfecto en una bahía aislada. Sala de yoga, piscina al aire libre, jardín de frutales, restaurante y fuente natural. Ofrece talleres, masajes, *reiki*, homeopatía… Una estancia diferente en un lugar bellísimo.

Apartamentos Residencial El Llano**

✉ El Pescuecito, 1. El Llano. Vueltas.
☎ 922 805 489.
🖥 https://residencial elllano.com

Con piscina y de estilo arquitectónico tradicional. Zonas ajardinadas. Apartamentos con terraza, jardín o balcón. Elegantes y recomendables.

Pensión Candelaria

✉ Italia, 18. Vueltas.
☎ 670 805 089.
🖥 www.pension candelaria.com
🛏 **Habitación doble:** desde 38 €.

Pensión y apartamentos. Alojamiento familiar en el corazón de Vueltas, en la parte alta. Básico pero económico.

CASAS RURALES

Las hay para todos los gustos y bolsillos. Aunque las encontramos por toda la isla, una de las zonas más recomendables para alojarse en una casa rural es la de Agulo, al norte. Una preciosa zona rural y muy verde, ideal para estar en contacto con la naturaleza y disfrutar de las rutas de senderismo. Y a cada cual más bonita.

Agulo

Finca La Maleza

✉ Barranco de la Palmita.
☎ 696 414 290.
🛏 **Vivienda/día para 2 personas:** 60 €.

Casa tradicional de piedra negra y madera, con decoración rústica y chimenea. En un enclave espectacular. Terraza con vistas de impresión. Muy recomendable.

Casa Mercedes

✉ Las Rosas. Agulo.
☎ 922 146 101.
🛏 **Vivienda/día para 2 personas:** 65 €.

Muy acogedora y decorada con gusto, con todas las instalaciones y buen precio. Casa rural centenaria con categoría de cuatro espigas. En el campo, de estilo rústico y con chimenea, muy bien acondicionada.

ISLA DE EL HIERRO

Las opciones de alojamiento convencional en la isla de El Hierro, hoteles y pensiones, no son muchas. Sin embargo, existen abundantes y muy buenos apartamentos y casas rurales.

La Caleta

Apartamentos Villamarina

✉ Tomás Navarro, 18.
☎ 620 822 399.
🖥 www.apartamentos-villa-marina-el-hierro.es
🛏 **Habitación doble:** desde 60 €.

Muy bonitos, merecen la pena. Capacidad para 4 personas, amplios y bien equipados. Terraza exterior amueblada y jardines.

La Frontera

Hotel Ida Inés**

✉ Bergara Alta, 2.
☎ 922 559 445.
🖥 www.hotelidaines.com
🛏 **Habitación doble:** desde 67 €.

Pequeño hotel con acogedoras habitaciones. Sencillo. Vistas al mar y la montaña.

El Sitio
Casas de Vacaciones

- ✉ La Carrera, 26.
- ☎ 922 559 843.
- 🖰 https://elsitio-elhierro.es
- 🛏 Habitación doble:
  desde 47 €.

Muy recomendable. Conjunto de casas rurales típicas, de ladrillos de barro, suelos de terracota, piedra natural... Entre viñedos, en pequeñas huertas escalonadas en la ladera de un cerro, con vistas a las montañas y al mar. Alojamiento ecológico decorado con muy buen gusto. Ideal para parejas. *Gay friendly*.

Complejo Rural
La Brujita

- ✉ Malnombre, 4.
- ☎ 922 556 000, 629 757 408.
- 🛏 Habitación doble:
  desde 59 €.

Fantástico complejo de apartamentos rurales en la zona alta del pueblo de La Frontera, con preciosas vistas del Golfo. Pequeña piscina, zona de barbacoa y agradables apartamentos con todas las comodidades. Muy recomendable.

El Mocanal

Villa El Mocanal**

- ✉ Barlovento, 18.
  El Mocanal, a 5 km
  de Valverde.
- ☎ 922 550 373.
- 🖰 www.villaelmocanal.com
- 🛏 Habitación doble:
  desde 70 €.

Hotel rural con todas las comodidades, sencillo pero agradable. Piscina climatizada, acceso para personas con discapacidad, buen restaurante. Edificaciones rodeadas de huertos y pastos. Bonitas vistas al mar y poniente.

El Pinar

Apartamentos
Caracol

- ✉ El Chamorro, 55.
- ☎ 669 816 250.
- 🖰 https://caracolelhierro.
  es
- 🛏 Habitación doble:
  desde 40 €.

Bonitos apartamentos rurales que respetan la arquitectura tradicional. Muy bien puestos y cómodos.

Las Playas

Parador de El Hierro***

- ✉ Ctra. General
  Las Playas, 5.
- ☎ 922 558 036.
- 🖰 https://paradores.es
- 🛏 Habitación doble:
  desde 95 €.

El mejor hotel de la isla, situado frente al roque de Bonanza, en un lugar increíble, entre el mar y una montaña volcánica. Bonitos balcones, interior elegante y colonial, bello jardín con piscina. Muchas de sus habitaciones cuentan con vistas al océano. Excelente restaurante.

Las Puntas

Hotel Puntagrande**

- ✉ Lugar Las Puntas.
- ☎ 611 285 983.
- 🖰 https://hotelpunta
  grande.com
- 🛏 Habitación doble:
  desde 150 €.

Espectacular edificio de 1884 situado junto al mar. Una suerte de hotel-faro que presume de ser el más pequeño del mundo. Lo

sea o no, lo que realmente lo hace único es su enclave.

Apartamentos Las Casitas*

- ✉ Ctra. General Las Puntas, 30.
- ☎ 629 880 598.
- 🛏 Apartamento/dos personas: desde 45 €.

Muy sencillo, cerca de la carretera. Prácticos.

La Restinga

En la Avenida Marítima hay abundantes apartamentos, todos de similares prestaciones como **Bahía** (nº 12) o **La Marina**.

Apartamentos Mareas Brujas

- ✉ Avenida Marítima, 24.
- ☎ 922 557 141.
- 🌐 www.apartamentos mareasbrujas.com
- 🛏 Apartamento/dos-cuatro personas: desde 36-42 €.

Apartamentos en primera línea, al final de la Avenida Marítima. Nuevos, limpios, con todas las comodidades, grandes vistas desde la terraza y buenos precios.

Sabinosa

Hotel Balneario Pozo de la Salud***

- ✉ Pozo de la Salud, s/n.
- ☎ 922 559 561.
- 🌐 www.hotelbalneario pozodelasalud.es
- 🛏 Habitación doble: desde 75 €.

En un hermoso paraje. Tratamientos terapéuticos con lodos y baños y purgas con las aguas del Pozo. Baños termales, comedor dietético, masajes, tratamientos de piedras volcánicas…

Tamaduste

Apartamentos Boomerang

- ✉ El Cantil, 2 y Tabaiba, 6.
- ☎ 922 550 200.
- 🌐 www.hotel-boomerang. com
- 🛏 Habitación doble: desde 65 €.

Apartamentos de playa en un agradable lugar de veraneo. Sencillos y prácticos.

Valverde

Hotel Boomerang**

- ✉ Doctor Gost, 1.
- ☎ 922 550 200.
- 🌐 www.hotel-boomerang. com
- 🛏 Habitación doble: desde 60 €.

Sencillo y confortable. En el centro de Valverde, al lado de la iglesia.

Hostal Casañas

- ✉ San Francisco, 9.
- ☎ 922 550 254.
- 🌐 https://hostalcasanas. com
- 🛏 Habitación doble: desde 43 €.

Muy sencilla. En el centro de la villa.

CASAS RURALES

Una de las mejores opciones en la isla de El Hierro. Casas tradicionales en parajes de impresión. La oferta es muy amplia y de excelente calidad.

Asociación Herreña de Turismo Rural

- ☎ 629 611 781.
- 🌐 www.facebook.com/ ElHierroRural
- 🌐 http:// casaselhierrorural.com

Agrupa varias casas rurales de arquitectura popular en distintos puntos de la isla.

Erese

Casa Tía Lucila

- ✉ Tesenaita, 14. Erese.
- ☎ 922 551 488, 679 664 339.
- 🌐 www.vacaciones elhierro.com
- 🛏 Habitación doble: desde 60 €.

Espectaculares vistas y ubicación. En un pequeño pueblo, Erese, zona agrícola y ganadera. Casa tradicional restaurada buscando el lujo y la comodidad. Baño con hidromasaje. Patio exterior, terraza amueblada, jardín y barbacoa.

Isora

Poblado Jirdana

- ✉ Calle Jirdana. Los Llanos.
- ☎ 606 337 665.
- 🌐 www.poblado jirdana.com
- 🛏 Dos personas: desde 54 €

Agrupa varias casas rurales de arquitectura popular en un conjunto arquitectónico tradicional de más de 170 años de antigüedad. Recogida del agua de lluvia y agua caliente por energía solar. Muy recomendable.

San Andrés

Casa El Valle

- ✉ Calle Rosas, 29. San Andrés.
- ☎ 922 550 746, 680 537 426.
- 🛏 Dos personas: desde 60 €.

Preciosa, antigua, decorada con muy buen gusto. Casa rural de piedra con una cocina auténtica y acogedora, restaurada respetando fielmente su estilo original.

Información práctica

CALENDARIO DE FIESTAS

Enero
En torno al 20 de enero tienen lugar las **fiestas de San Sebastián,** patrono de la villa, capital de La Gomera.

Abril
Festividad de San Marcos, el 25 de abril, en **Agulo** (isla de La Gomera). Las hogueras de madera de sabina iluminan las calles del pueblo, al tiempo que los participantes hacen apuestas para mejorar sus saltos sobre el fuego.

Fiesta de los Pastores, el 25 de abril, en **Frontera** (isla de El Hierro). Conmemoración que se halla ligada al mundo del ganado que pace en La Dehesa y en algunas zonas de El Julán.

Junio
Fiestas de San Juan y San Pedro, 24 y 29 de junio, respectivamente, en **Agulo** (isla de La Gomera). Se programan los tradicionales **Piques de Agulo.** Se trata de una conversación cantada, acompañada por una rondalla de cuerdas, cruzándose entre los vecinos como si estuviesen polemizando, y en la que compiten en conocimientos de la zona, exposición de necesidades y críticas públicas, todo ello aderezado con sátiras y con buen humor. Destaca la eterna y amistosa confrontación de Piques, similar en todo al punto cubano, entre los barrios de Las Casas y La Montañeta. En el **baile del Tambor** se le unen los grupos de Piques, con estrofas conocidas en algún caso, pero sobre todo con letras creadas sobre la marcha.

Fiestas de San Juan. En Valle Gran Rey (isla de La Gomera), el día 24. La noche antes se encienden numerosas hogueras en todos los barrios y la ciudad queda prácticamente iluminada.

Julio
Fiestas cuatrienales de la Bajada de la Virgen de los Reyes. En Valverde (El Hierro), el primer domingo del mes. La imagen de la Virgen es transportada desde su santuario en La Dehesa (sur de la isla y término municipal de Frontera) hasta la villa de Valverde (más de 34 km de camino). Durante todo el recorrido, los grupos folclóricos no paran de bailar, de cantar

TRANSPORTES

Aéreos

**Aeropuertos
La Gomera**
- ✉ Ctra. Playa de Santiago, s/n. En Alajeró, a 34 km de San Sebastián de la Gomera.
- ☎ 91 321 10 00.
- 🖰 www.aena.es
Conexión con Tenerife Norte (Los Rodeos) y Las Palmas de Gran Canaria.

El Hierro
- ✉ A 6 km de Valverde.
- ☎ 91 321 10 00.
- 🖰 www.aena.es
Conexión con Tenerife Norte (Los Rodeos).

**Compañías aéreas
Iberia**
- ☎ 913 336 701
- 🖰 www.iberia.com

Binter Canarias
- ☎ 928 327 746.
- 🖰 www.binter canarias.com

El Puerto de la Estaca (Valverde de El Hierro) está conectado con Los Cristianos (isla de Tenerife) y San Sebastián de la Gomera.

A San Sebastián de la Gomera se puede llegar desde Los Cristianos (isla de Tenerife), Las Palmas de Gran Canaria, Santa Cruz de La Palma y Valverde de El Hierro.

Naviera Armas
☎ 910 109 882.
🖥 www.naviera
armas.com
Ferry Fred Olsen
☎ 922 290 070,
928 290 070.
🖥 www.fredolsen.es

I Terrestres (guaguas)

Guaguagomera
☎ 922 141 101.
🖥 www.guagua
gomera.com
Transhierro
☎ 922 551 175.
🖥 https://transhierro.
com

y de tocar sus instrumentos musicales, incluidos tambores, pitos y chácaras, sustituyéndose unos a otros durante la marcha. La comitiva procesional se detiene en el límite de cada pueblo para entregar la imagen de la Virgen a la numerosa comisión de vecinos del lugar, para que sus portatronos sustituyan entonces a los de la localidad anterior.

Esta celebración tiene carácter cuatrienal y tuvo su origen en una promesa colectiva de los campesinos, en 1741, para que Nuestra Señora de los Reyes intercediera por ellos contra la sequía y las plagas de langosta cigarrera. Mientras la imagen permanece en Valverde, la procesión con la Virgen visita diferentes localidades norteñas, ocasión que sirve para organizar numerosos actos festivos, religiosos y civiles. El último día de su estancia celebran la **Fiesta Real** en el templo parroquial de Valverde. La **Subida de la Virgen de los Reyes,** hasta su santuario de La Dehesa, se hace de la misma manera.

En **Alajeró** (isla de La Gomera) los pescadores celebraban antes, y ahora todo el pueblo, la **festividad de la Virgen del Carmen,** el 16 de julio, con una tradicional procesión en barco.

I Agosto

Ofrenda de El Ramo, en Valle Gran Rey, uno de los símbolos más característicos de la fiesta gomera, la celebración de más empaque. Coincide con la fiesta de **San Salvador del Mundo,** el 16 de agosto, cuando se hace en **Arure** la ofrenda de **El Ramo.** Se trata de un árbol artificial elaborado a base de productos de la tierra, desde frutas a queso, pasando por botellas de vino y recipientes llenos de miel de palma, todo bien decorado con helechos, hojas y flores. Cada año se encarga de hacer El Ramo una

familia distinta, muchas veces como cumplimiento de una promesa o por asignación rotatoria. El momento cumbre de la fiesta es el ritual religioso, en el que se hace la ofrenda, amenizado por las rondallas de la comarca y los toques de chácaras y tambores gomeros. Durante la ofrenda se recitan romances, se baila y se cantan endechas que hablan de la emigración, de sus antepasados, de su gente y de sus muertos, en una prolongación de lo que ha sido la tradición oral en la cultura canaria.

Septiembre

Las **fiestas colombinas**, en **San Sebastián de la Gomera,** tienen lugar la primera semana de septiembre, conmemorando la partida de Colón hacia el Descubrimiento de América el 6 de septiembre de 1492. Se celebran exposiciones de arte, actividades culturales y deportivas, manifestaciones folclóricas, teatro y veladas nocturnas con fuegos de artificio y verbenas amenizadas por orquestas de la isla.

La **festividad de la Virgen del Paso,** en **Alajeró** (isla de La Gomera) es una de las manifestaciones folclóricas gomeras de mayor interés. Tiene su origen en el cumplimiento de una promesa realizada por emigrantes canarios en Cuba. El 14 de septiembre bajan la imagen de la Virgen desde el santuario que tiene en el monte. Por la noche se reúnen muchos grupos de amigos en los alrededores de la iglesia, en los bares y en las casas, para tocar los tambores y golpear las chácaras, sin parar, mientras los cantadores recitan sus romances y leyendas al son de las rondallas. Al día siguiente suben a la Virgen por toda la ladera y la depositan nuevamente en su hornacina hasta el siguiente año.

Alquiler de automóviles

En ambas islas, tanto en los aeropuertos como en las estaciones marítimas, las principales compañías disponen de oficinas.

Avis
☎ 902 180 854.
🖰 www.avis.es

Cicar
☎ 928 822 900.
🖰 www.cicar.com

Europcar
☎ 913 434 512.
🖰 www.europcar.es

Goldcar
☎ 918 341 400.
🖰 www.goldcar.es

Hertz
☎ 917 499 069.
🖰 www.hertz.es

Octubre

Las fiestas de la **Bajada de la Virgen de Guadalupe,** el lunes después del primer domingo de octubre, llevan siempre aparejada la romería a **Puntallana,** en las que barcos y barquillas navegan por todo el litoral en dirección noreste.

Una vez en Puntallana, los gomeros conducen a la Virgen de Guadalupe hasta **San Sebastián** en barco, allí se desembarca la imagen a hombros de los marineros y pescadores por la arena de la playa en medio de un multitudinario recibimiento y se lleva en solemne procesión hasta la iglesia de Nuestra Señora de la Asunción, donde permanece durante varios días antes de iniciar su recorrido por los diferentes pueblos de la isla.

Al cabo de unos meses, la Virgen retorna al santuario de Puntallana, donde descansará durante el siguiente lustro.

LA GOMERA Y EL HIERRO EN INTERNET

LA GOMERA

▌Viajes

www.clickgomera.com
Reserva de apartamentos y casas. Alquiler de vehículos y excursiones programadas.
También actividades de tiempo libre, como excursiones de senderismo y avistamiento de cetáceos.

▌Turismo

https://lagomera.travel
Página oficial de turismo de la isla de La Gomera. Una gran variedad de información de sumo interés.

▌Cabildo

www.lagomera.es
Página del Cabildo de La Gomera.

▌Noticias

**www.gomera
noticias.com**
Noticias de La Gomera.

EL HIERRO

▌Folclore

**http://folclorehierro.
blogspot.com**
Blog de folclore de la isla.

▌Bimbache Open Art

www.bimbache.info
Festival de arte.

▌Bajada de la Virgen

http://bajadaelhierro.com
Web dedicada a la fiesta más popular de la isla, que se celebra cada 4 años.

▌App "El Hierro Smart Island"

Guía de El Hierro
Aplicación para el móvil que permite acceder a contenidos de interés turístico sobre El Hierro.

▌Turismo rural

www.ecoturismoelhierro.com
Web de casas rurales en la isla.

INFORMACIÓN TURÍSTICA

I La Gomera

**Oficina de turismo
de San Sebastián**
- ✉ Calle Real, 32
  (Casa Bencomo).
- ☎ 922 141 512.
- 🖰 https://lagomera.travel

**Oficina de Turismo
de Playa de Santiago**
- ✉ Avda. Marítima, s/n.
  Edificio Las Vistas, local 8.
- ☎ 922 895 650.
- 🖰 https://lagomera.travel

**Oficina de turismo
de Valle Gran Rey**
- ✉ Calle La Noria, 2. La Playa.
- ☎ 922 805 458.
- 🖰 https://lagomera.travel
- 🖰 http://vallegranrey.es/areas/
  turismo/
- 🕐 De lunes a viernes de 8 h a 14 h
  (verano), 15 h (invierno). Cierra
  sábado, domingo y festivos.

**Parque Nacional de Garajonay
Centro de Visitantes Juego de Bolas**
- ✉ La Palmita-Agulo.
- ☎ 922 800 993.
- 🖰 www.gobiernodecanarias.org/
  parquesnacionales
- 🖰 www.miteco.gob.es
- 🕐 Todos los días de 9.30 h a 16.30 h.

Punto de información Laguna Grande
- ✉ En el Parque Nacional.
- 🕐 Todos los días de 9.30 h a 16.30 h.

I El Hierro

**Patronato de Turismo
del Cabildo de El Hierro**
- ✉ Dr. Quintero, 4. Valverde.
- ☎ 922 550 326 / 922 550 302.
- 🖰 https://elhierro.travel
- 🕐 De lunes a sábado de 9 h a 17 h.

Punto de información
- ✉ En el aeropuerto.
- 🕐 Todos los días de 10 h a 18 h.

Índice de lugares

ISLA DE LA GOMERA

ISLA DE EL HIERRO